Weihnachtszeit ist Vorlesezeit. Die schönsten Advents- und Weihnachtsgeschichten zum Vorlesen für die ganze Familie präsentiert dieser Band: Heiteres und Besinnliches, Klassisches und Modernes für Alt und Jung.

An die Weihnachtsfeste ihrer Kindheit erinnern sich Walter Benjamin und Marie von Ebner-Eschenbach; David Henry Wilson erzählt von einem Jungen, dem das Warten auf das Fest allzu lang wurde. Von einer geheimnisvollen Weihnachtsmannverdoppelung weiß Paul Maar, und mit Erich Kästner erleben wir eine schöne Bescherung am Weihnachtsabend. Bei Elizabeth von Arnim, Ludwig Thoma und Tanja Dückers hält das Fest ganz andere Überraschungen bereit, und daß die Suche nach dem passenden Geschenk nicht immer einfach ist, erfahren wir bei O'Henry, Marie Luise Kaschnitz und Martin Suter.

insel taschenbuch 4180

Die schönsten Weihnachtsgeschichten zum Vorlesen

Die schönsten Weihnachtsgeschichten zum Vorlesen

Ausgewählt von Gesine Dammel

Insel Verlag

Umschlagfoto: Matteo Colombo/Getty Images

9. Auflage 2019

Erste Auflage 2012
insel taschenbuch 4180
Originalausgabe

Quellennachweise zu dieser Ausgabe am Schluß des Bandes
Vertrieb durch den Suhrkamp Taschenbuch Verlag
Umschlaggestaltung: bürosüd, München
Satz: Satz-Offizin Hümmer GmbH, Waldbüttelbrunn
Druck: CPI – Ebner & Spiegel, Ulm
Printed in Germany
ISBN 978-3-458-35880-0

INHALT

Das Weihnachtsfest war nahe

Ein Kind ward uns geboren

Das Fest im trauten Kreis

Von Weihnachtsmännern und Lebkuchen

Rund um den Weihnachtsbaum

Vom Schenken und Beschenktwerden

Weihnachten – das Fest der Tiere

Hinweis für Vorlesende: Pro Druckseite dieser Ausgabe sind ca. 1,5 Minuten Lesezeit zu veranschlagen.

Das Weihnachtsfest war nahe

WALTER BENJAMIN

Ein Weihnachtsengel

Mit den Tannenbäumen begann es. Eines Morgens, als wir zur Schule gingen, hafteten an den Straßenecken die grünen Siegel, die die Stadt wie ein großes Weihnachtspaket an hundert Ecken und Kanten zu sichern schienen. Dann barst sie eines schönen Tages dennoch, und Spielzeug, Nüsse, Stroh und Baumschmuck quollen aus ihrem Innern: der Weihnachtsmarkt. Mit ihnen aber quoll noch etwas anderes hervor: die Armut. Wie nämlich Äpfel und Nüsse mit ein wenig Schaumgold neben dem Marzipan sich auf dem Weihnachtsteller zeigen durften, so auch die armen Leute mit Lametta und bunten Kerzen in den besseren Vierteln. Die Reichen aber schickten ihre Kinder vor, um denen der Armen wollene Schäfchen abzukaufen oder Almosen auszuteilen, die sie selbst vor Scham nicht über ihre Hände brachten. Inzwischen stand bereits auf der Veranda der Baum, den meine Mutter insgeheim gekauft und über die Hintertreppe in die Wohnung hatte bringen lassen. Und wunderbarer als alles, was das Kerzenlicht ihm gab, war, wie das nahe Fest in seine Zweige mit jedem Tage dichter sich verspann. In den Höfen begannen die Leierkasten die letzte Frist mit Chorälen zu dehnen. Endlich war sie dennoch verstrichen und einer jener Tage wieder da, an deren frühesten ich mich hier erinnere.

In meinem Zimmer wartete ich, bis es sechs werden wollte. Kein Fest des späteren Lebens kennt diese Stunde, die wie ein Pfeil im Herzen des Tages zittert. Es war schon dunkel; trotzdem entzündete ich nicht die Lampe, um den Blick nicht von den Fenstern überm Hof zu wenden, hinter denen nun die ersten Kerzen zu sehen waren. Es war von allen Augenblicken, die das Dasein des Weihnachtsbaumes hat, der bänglichste, in dem er Nadeln und Geäst dem Dunkel opfert, um nichts zu sein als nur ein unnahbares und doch nahes Sternbild im trüben Fenster einer Hinterwohnung. Doch wie ein solches Sternbild hin und wieder eins der verlassenen Fenster begnadete, indessen viele weiter dunkel blieben und andere noch trauriger im Gaslicht der früheren Abende verkümmerten, schien mir, daß diese weihnachtlichen Fenster die Einsamkeit, das Alter und das Darben – all das, wovon die armen Leute schwiegen – in sich faßten.

Dann fiel mir wieder die Bescherung ein, die meine Eltern eben rüsteten. Kaum aber hatte ich so schweren Herzens, wie nur die Nähe eines sichern Glücks es macht, mich von dem Fenster abgewandt, so spürte ich eine fremde Gegenwart im Raum. Es war nichts als ein Wind, so daß die Worte, die sich auf meinen Lippen bildeten, wie Falten waren, die ein träges Segel plötzlich vor einer frischen Brise wirft: »Alle Jahre wieder, kommt das Christuskind, auf die Erde nieder, wo wir Menschen sind« – mit diesen Worten hatte sich der Engel, der in ihnen begonnen hatte, sich zu bilden, auch verflüchtigt. Doch nicht mehr lange blieb ich im leeren Zimmer. Man rief mich in das gegenüberliegende, in dem der Baum nun in die Glorie eingegangen war, welche ihn mir entfremdete, bis er, des Untersatzes beraubt, im Schnee verschüttet oder im Regen glänzend, das Fest da endete, wo es ein Leierkasten begonnen hatte.

MARIE VON EBNER-ESCHENBACH

Das Weihnachtsfest war nahe

Das Weihnachtsfest war nahe, wir konnten die Tage bis zum 24. Dezember schon an den Fingern abzählen, als sich etwas begab, das uns in die größte Aufregung versetzte. Vor unsern Nasen gleichsam verschwanden unsere Puppen. Auf einmal waren alle fort. Eine vollständige Puppenauswanderung hatte stattgefunden.

Das Bett, in das Fritzi gestern noch ihre älteste Tochter, die große Christine, schlafen gelegt hatte – leer. Die Angehörigen Christinens hinweggefegt, als ob sie nie dagewesen wären. Meine blonde Fanchette, die freilich von der Blondheit nur noch den Ruf besaß – denn eine geduldige Friseurin war ich nicht –, ebenfalls unauffindbar. Wir kramten vergeblich nach ihr in unsern Laden, durchforschten alle Schränke und Winkel. Wir liefen ins Kinderzimmer und klagten die armen kleinen Brüder des Raubes unserer Puppen an. Daß wir auch im vorigen Jahre kurze Zeit vor Weihnachten denselben Jammer erlebt und dann unter dem Christbaum ebenso viele Puppen, als wir vermißt hatten, mit glänzend lackierten Gesichtern, reichem Gelock und schön gekleidet sitzen sahen, fiel uns nicht ein. Oh, wir waren dumme Kinder! Ich glaube nicht, daß es heutzutage noch so dumme Kinder gibt.

Pepinka, ärgerlich über die Nachgrabungen, die wir nun auch in dem von ihr beherrschten Reiche zu unternehmen begannen, ließ sich zu einem unvorsichtigen Worte hinreißen. »Geht, geht! sucht eure Puppen dort, wo sie sind.«

»Weißt du, wo sie sind? ... Ja, ja, du weißt es! Wo sind sie?« Wir ließen nicht nach, gaben ihr keine Ruhe, bis sie endlich, um uns loszuwerden, sagte: »Die kleine Greislerin hat sie gestohlen. Grad ist sie mit der Christine über die Gasse gelaufen.«

Gestohlen also! unsere Kinder gestohlen! durch die kleine Greislerin – oh, das leuchtete uns ein. Der konnte man alles Schlechte zutrauen. Ihre Mutter hatte einen Laden, gerade unter einem der Fenster des Kinderzimmers. Wir kauften dort die Glas- und Steinkugeln, mit denen wir eine Art Kriegsspiel spielten. Von der Mutter erhielten wir immer fünf Stück für einen Kreuzer, von der Tochter nur drei. Genügte das nicht, um uns ein Licht aufzustecken über das ganze Wesen dieser Person? Sie, natürlich, war die Puppenentführerin, sie lief herum mit der Christine, an ihr mußte Rache genommen werden. Es mußte! Ich war Feuer und Flamme dafür, und es gelang mir, meine Schwester davon zu überzeugen. Auch die sanfteste Mutter kann grausam werden, wenn es Kindesraub zu bestrafen gilt. Am liebsten würden wir die Missetäterin durchgeprügelt haben – woher aber die Gelegenheit dazu nehmen? Sie bei der Frau Greislerin verklagen? Ach, die tut ihr nichts, die fürchtet sich selbst vor ihr. Was also soll geschehen? Was für ein Gesicht soll unsere Rache haben? Ein schwarzes! machten wir endlich aus. Es war beschlossen, was der Diebin geschehen soll: Wir werden ihr Tinte auf den Kopf gießen.

Pepi war ins Nebenzimmer zu den Kleinen gegangen und hatte die Tür geschlossen; wir glaubten unser nichtsnutziges Vorhaben ungestört ausführen zu können. Ich holte eilends das Fläschchen herbei, das unsern Tintenvorrat enthielt; wir schoben in das Fenster, unter dem der Greislerladen sich befand, einen Schemel und bestiegen ihn. Fritzi öffnete den inneren Fensterflügel und mit Mühe nur ein wenig den äußeren, und ich steckte den mit der Tintenflasche bewaffneten Arm durch den Spalt. Jetzt – hinunter mit dem Guß! Hinunter auf die Greislerin, die natürlich nichts Besseres zu tun hat, als dazustehen und ihm ihr schuldiges Haupt darzubieten.

Die spanische Armada war einst nicht siegesgewisser ausgezogen als wir zu unserer Unternehmung – und ihr Schicksal teilten wir. Die Elemente erhoben sich wider uns. Es stürmte an dem Tage im Rotgäßchen wie anno 1588 auf dem Atlantischen Ozean, und noch dazu gab's ein Gestöber von weichem Schnee. Ein Windstoß entriß meiner Schwester den Fensterflügel und schlug ihn gleich darauf so schnell wieder zu, daß ich kaum Zeit hatte, meinen ausgestreckten Arm zurückzuziehen und das Tintenfläschchen vor dem Sturze zu retten. Sein Inhalt übersprühte die Glasscheibe, tropfte, mit Schnee und Regen vermischt, vom Fenstersimse herab, umhüllte meine Finger mit der Farbe der Trauer.

Laut und lebendig gestaltete sich der Schluß des ganzen Abenteuers. Pepinka mußte etwas von unserm Treiben vernommen haben, denn plötzlich stürzte sie herbei. Ihr Antlitz glich dem rot aufgehenden Monde, ihre Haubenbänder flogen – ich weiß noch recht gut, daß sie eidottergelb waren.

»Ihr Verdunnerten!« rief sie. »Jesus, Maria und Josef! Fenster aufreißen, mitten im Winter! Was fällt euch ein, ihr, ihr ...« Der Rest sei Schweigen. Mögen die Ehrentitel, mit denen sie uns ausstattete, der Vergessenheit anheimfallen. Sie bildeten eine relativ milde Einleitung zu den in prophetischem Tone ausgesprochenen Worten: »Ihr könnt euch freuen. Gleich wird die Polizei über euch kommen!«

Da war mit einemmal alles erloschen, jeder Funke des Hasses gegen die Greislerin und bis aufs letzte Flämmchen unsere lodernde Racheglut. Nur noch einen heißen Wunsch hatten wir, nur mit einer Bitte bestürmten wir Pepinka: Nur die Polizei nicht hereinlassen! Nur der Polizei nicht erlauben, daß sie komme, uns »einzuführen«!

DAVID HENRY WILSON

Warten auf Weihnachten

»Das Dumme an Weihnachten«, sagte Jeremy James, »ist die Zeit dazwischen.«

»Wozwischen?« fragte Mama – sie behängte gerade den Weihnachtsbaum mit Lametta.

»Zwischen irgendwann und Weihnachten«, sagte Jeremy James. »Zum Beispiel zwischen heute und Weihnachten. Wenn nichts dazwischen wäre, hätten wir jetzt Weihnachten und ich brauchte nicht auf meine Geschenke zu warten.«

»Au!« sagte Papa, der eine Nadel in eine Papiergirlande und in einen Daumen gesteckt hatte. »Verdammte Stecknadeln! Gehen nie dahin, wo man sie hinhaben will.«

Es war noch schrecklich lange hin bis Weihnachten – genau eine Woche. Draußen sah die Welt wie ein riesiger Geburtstagskuchen aus, mit Puderzuckerschnee, Kerzenbäumen und Kandishäusern bedeckt. Die Leute auf der Straße waren ganz vermummt, man sah nichts als ihre roten Backen, ihre glänzenden Augen und ihren Dampfatem. Drinnen war es mollig warm. Mama hatte die Zwillinge gebadet und gefüttert, das Haus geputzt, Mittag gekocht und den Weihnachtsbaum geschmückt, während Papa sich mit dem Aufhängen einer Papiergirlande beschäftigt hatte. Papiergirlanden waren sehr schwer aufzuhängen. Besonders, wenn Papa sie aufhängte. Sie schienen einen richtigen Dickkopf zu haben, wenn Papa sie aufhängte: Wenn er ein Ende an der Wand befestigte, schlang sich das andere um seinen Arm und seinen Hals, so daß er es nur entwirren konnte, indem er das Ende, das er schon befestigt hatte, wieder rauszog, aber wenn er es abgemacht hatte, schlang es sich um seinen anderen Arm, und schließlich mußte er die Papiergirlande in der Mitte zerreißen, um seine Arme wiederzufinden. Papa konnte Papiergirlanden nicht leiden, und wahrscheinlich mochten die Papiergirlanden Papa auch nicht besonders.

»Mama«, sagte Jeremy James, »Papa lutscht wieder am Daumen.«

»Wir müssen wohl noch ein Pflaster draufkleben«, sagte Mama.

»Die Nadel ging glatt durch«, sagte Papa. »Noch ein Millimeter und ihr hättet mich in eine Schmetterlingssammlung aufnehmen können.«

»Na«, sagte Mama, »hoffentlich erholst du dich rechtzeitig, damit du diese Papiergirlande noch vor Weihnachten aufgehängt kriegst.«

»Wie lange ist es noch bis Weihnachten?« fragte Jeremy James.

»Genau zehn Minuten weniger als letztes Mal, als du danach fragtest«, sagte Mama. »Eine Woche, mein Junge. Sieben Tage und sieben Nächte.«

»Ich glaube nicht, daß ich so lange warten kann«, sagte Jeremy James. »Weihnachten müßte früher kommen.«

»Du kannst deine Geschenke morgen haben, wenn du willst«, sagte Papa. »Bloß, du wirst dann wohl nächste Woche enttäuscht sein, wenn alle anderen ihre Geschenke bekommen und du nichts.«

»Du kannst deine auch morgen haben«, sagte Jeremy James.

»Nein, danke«, sagte Papa. »Sonst feiern wir Neujahr mit Ostereiern.«

Jeremy James konnte es kaum erwarten, Mama und Papa ihre Geschenke zu geben. Er wollte sie ihnen fast so gern geben, wie er wollte, daß sie ihm seine gaben. Er hatte eine Ewigkeit gespart und sich sehr viele Gedanken über die Geschenke gemacht, und er hatte sie heute ganz allein im Süßwarenladen an der Ecke gekauft. Jetzt waren sie an einer sehr geheimen Stelle versteckt, wo nie jemand auf die Idee kommen würde nachzusehen: unter seinem Bett. Es waren zwei Geschenke – das eine war eine bunte Schachtel Lakritzbonbons mit einem Rotkehlchen obendrauf und das andere eine dicke Tafel Schokolade mit dem Weihnachtsmann drauf. Die einzige Schwierigkeit, die Jeremy James mit diesen beiden geradezu idealen Geschenken hatte, war, zu entscheiden, wer was kriegen sollte. Er konnte sich gut vorstellen, wie Mama die bunte Schachtel aufmachte und sagte: »Hier, Jeremy James, nimm ein Lakritzbonbon.« Aber er konnte sich ebenso gut vorstellen, wie Mama die Schokolade durchbrach und sagte: »Hier, Jeremy James, nimm ein Stück Schokolade!« Andererseits hört er geradezu, wie Papa sagte: »Jeremy James, hier hast du ein paar Lakritzbonbons.« Aber Papa würde natürlich auch sagen: »Hier, Jeremy James, iß ein bißchen Schokolade!« Es war wirklich eine *sehr* schwierige Entscheidung.

Mamas Weihnachtsbaum sah immer mehr aus wie ein verzauberter Wald, und Papas Papiergirlande sah immer mehr aus wie Konfetti. Vielleicht war es am besten, sich auf Mama zu konzentrieren. Zwei Dinge wollte Jeremy James *zu* gern wissen: Würde Mama lieber Schokolade oder Lakritzbonbons haben wollen, und was wird Jeremy James zu Weihnachten kriegen? Für Mama waren das ganz leichte Fragen, aber Jeremy James wußte aus Erfahrung, daß Erwachsene Fragen nicht so gern beantworten. Zum Beispiel hatte er Mama mal gefragt, wie die Zwillinge in ihren Bauch gekommen waren, und da hatte sie es ihm nicht gesagt, obwohl sie es genau gewußt haben mußte, denn es war ja schließlich *ihr* Bauch. Und Papa hatte er mal gefragt, wieviel Geld er hat, und er hatte es ihm auch nicht gesagt, obwohl er es gewußt haben muß, denn es war ja schließlich *sein* Geld.

Und an einem Sonntag hatte er sie mal gefragt, ob Jesus im Wohnzimmer sei, aber sie hatten ihm nicht geantwortet, obwohl sie es gewußt haben mußten, denn es war schließlich *ihr* Wohnzimmer. Erwachsene sind sehr schnell bei der Hand, wenn es darum geht, etwas zu fragen, zu befehlen oder zu verbieten oder einen anzutreiben, aber wenn man mal eine Antwort von ihnen will, können sie *sehr* umständlich sein. »Mama«, sagte Jeremy James und spielte geistesabwesend mit seinem Zeh und einer Stechpalmenbeere, »was findest du besser – Schokolade oder Lakritzbonbons?«

»Ich finde beides gut«, sagte Mama.

»Ja, aber was ist besser?« sagte Jeremy James.

»Manchmal Schokolade und manchmal Lakritzbonbons«, sagte Mama. »Kommt drauf an, wie ich mich fühle.«

»Wie fühlst du dich meistens?« sagte Jeremy James.

Mama dachte lange und angestrengt nach. »Nachmittags Lakritzbonbons«, sagte sie, »und abends Schokolade.« Erwachsene können einem manchmal wirklich auf die Nerven gehen.

Jeremy James machte noch einen Versuch.

»Und wie ist es morgens?« sagte er. Aber er wußte schon, bevor sie geantwortet hatte, daß sie sich irgendwie herausreden würde.

»Morgens«, sagte Mama, »habe ich überhaupt keinen Appetit auf Süßigkeiten.«

Jeremy James trottete zu Papa.

»Papa«, sagte er, »was magst du lieber – Schokolade oder Lakritzbonbons?« Papa schien sehr erfreut zu sein, Jeremy James zu sehen, und hörte sofort auf, an der Papiergirlande zu arbeiten, um über diese Frage nachzudenken. »Hm«, sagte er, »ich mag Schokolade lieber als rosa Lakritzbonbons mit Schwarzem in der Mitte, aber ich mag schwarze Lakritzbonbons mit Weißem in der Mitte lieber als Schokolade. Im großen und ganzen, alles in allem gesehen, grundsätzlich würde ich wahrscheinlich sagen, daß es sich ungefähr die Waage hält.«

Jeremy James' Gesicht wurde so lang wie der Bart des Weihnachtsmannes. »Was magst *du* denn lieber?« fragte Papa.

Jeremy James' Gesicht wurde wieder kürzer. »Ganz einfach«, sagte er, »beides.«

Mama war jetzt mit dem Weihnachtsbaum fertig, er funkelte wie Diamanten und Smaragde. »Ich helfe dir jetzt mit diesen Papiergirlanden«, sagte sie zu Papa.

»Danke«, sagte Papa. »Verflixte Dinger. Allein werd ich damit einfach nicht fertig.«

»*Du* nicht«, sagte Mama, mit starker Betonung auf dem *Du*.

Jeremy James steckte die Hände in die Taschen und

trottete zur Wohnzimmertür. Seine erste Frage war in der Tat alles andere als beantwortet worden, und es schien wenig Zweck zu haben, die zweite zu stellen. »Wart nur ab«, würden sie sagen oder: »Heiligabend wirst du ja sehen.« Aber im letzten Moment entschied er sich doch noch zu fragen.

»Was kriege ich zu Weihnachten?« sagte er.

»Wart nur ab«, sagte Papa.

»Heiligabend wirst du ja sehen«, sagte Mama.

Erwachsene sind wirklich leicht zu durchschauen.

Und Papa zeigte Mama, wie Papiergirlanden aufgehängt werden *sollten*, und dann zeigte Mama Papa, wie Papiergirlanden aufgehängt werden *können*. Jeremy James ging aus dem Zimmer, die Treppe hoch. Er warf einen Blick in das Zimmer der Zwillinge, aber Christopher und Jennifer schliefen beide fest, und selbst wenn sie nicht fest geschlafen hätten, hätten sie ihm nicht helfen können. Babys waren ziemlich nutzlos. Alles, was sie konnten, war essen, schlafen, schreien und Bäuerchen machen. Und die Windeln vollmachen. Babys waren, jedenfalls was Jeremy James anging, totale Nieten. Er konnte nicht begreifen, warum die Erwachsenen so viel Aufhebens um sie machten.

Jeremy James ging in sein Zimmer, kniete sich hin und holte zwei Päckchen unter dem Bett hervor. Kein Zweifel, es waren *sehr* verlockende Päckchen, und schon wenn man sie nur ansah, lief einem das Wasser im Mund zusammen. Wenn man aber erst den Inhalt des Päckchens sah, lief einem noch viel mehr Wasser im Mund zusammen. Mama und Papa würden Weihnachten wirklich *sehr* verwöhnt werden. Mehr als mit Schokolade und Lakritzbonbons konnte man einfach nicht verwöhnt werden. Außer natürlich, wenn etwas nicht in Ordnung war mit der Schokolade oder den Lakritzbonbons. Zum Beispiel könnten die Schokoladenfritzen ja unglücklicherweise aus Versehen einen Holzklotz eingepackt haben, und die Lakritzkerle könnten ja aus Versehen die Schachtel mit Kieselsteinen oder Murmeln gefüllt haben. Solche Sachen passieren manchmal. Mama hatte mal ein Stück Bindfaden in der Suppe gefunden, und Papa fand immer kleine Insekten im Rosenkohl, und wenn die Suppenonkels und die Rosenkohlheinis solche Schnitzer machen können – wer weiß, wozu dann die Schokoladenfritzen und die Lakritzkerle im Stande sind. Es war auf jeden Fall sicherer, man überzeugte sich davon, was *in* den Päckchen war.

Innen in dem Schokoladenpapier war Schokolade. Dicke, dunkle, weiche Schokolade, mit Rillen zwischen den Vierecken, wo man abbeißen konnte. Jeremy James hätte zu gern gewußt, ob die Schokolade auch so gut schmeckte, wie sie aussah. Vom Aussehen konnte man nie auf den Geschmack schließen. Zum Beispiel, als Jeremy James vor ein paar Wochen Husten hatte, gab ihm Mama eine Flasche mit einer wunderbar aussehenden roten Flüssigkeit darin, aber die wunderbar aussehende rote Flüssigkeit hatte brrks, grrks geschmeckt, und er hätte sie ausgespuckt, wenn man ihn nicht gezwungen hätte, sie runterzuschlucken. Nein, man konnte nie sicher sein, daß gut aussehende Sachen auch wirklich gut schmeckten. Die einzig zuverlässige Methode bestand darin, selber auszuprobieren. Man konnte ja das Silberpapier wieder glattstreichen, damit nicht auffiel, daß etwas fehlte ... Und sowieso würde keiner merken, daß in der Schachtel zwei oder drei Lakritzbonbons fehlten, weil ja die anderen Lakritzbonbons zusammenrollen und die Lücke wieder schließen würden ... Die Schokolade und die Lakritzbonbons schmeckten wirklich ausgezeichnet, jedes Stück und jedes Bonbon. An jenem Abend, genau eine Woche vor Weihnachten, hatte Jeremy James schlimme Bauchschmerzen. Niemand sonst in der Familie hatte Bauchschmerzen, aber – wie Papa sagte – Jeremy James konnte sich ja irgendwo was geholt haben. Gott sei Dank war er nach ein paar Tagen wieder quietschfidel, aber Papa und Mama stellten jetzt öfter einen besorgten Gesichtsausdruck bei Jeremy James fest, und zwar besonders immer dann, wenn die Rede auf die Weihnachtsgeschenke kam. Aber am Heiligen Abend war das sorgenvolle Gesicht endgültig verschwunden, und Jeremy James konnte gar nicht mehr aufhören, von den Weihnachtsgeschenken zu reden. Er konnte es nicht mehr erwarten, seine Geschenke zu bekommen, und er konnte es nicht mehr erwarten, *seine* Geschenke zu verteilen, und er wünschte, die Zeit verginge schneller, und er würde heute nacht nicht schlafen, sondern auf den Weihnachtsmann warten, und er hätte zu gern gewußt, was der Weihnachtsmann ihm wohl bringt und ob Mama und Papa wohl wußten, was Jeremy James für sie hatte? Er könnte es ihnen jetzt sagen, wenn sie wollten. Er hätte auch nichts dagegen, wenn sie ihm sagten, was er kriegt. Er hätte nichts dagegen, seine Geschenke jetzt sofort zu verteilen *und* zu bekommen. Was, erst morgen? Meinetwegen, dann eben morgen. Aber wenn morgen nun nicht kommt?

Morgen kam, und es wurde das beste Weihnachten aller Zeiten. Der Weihnachtsmann hatte einen ganzen Berg Äpfel und Apfelsinen und Bilderbücher und Spielsachen und Süßigkeiten in Jeremy James' leeren Kopfkissenbezug gesteckt, und für die Zwillinge hatte er auch noch Spielsachen und schöne Anziehsachen gebracht, und als Jeremy James runter ins Wohnzimmer ging – mit dem glitzernden Baum und den fest angebrachten Papiergirlanden sah es wie ein Märchenland aus –, fand er unter dem Baum ein riesiges Paket. In dem Paket steckte ein funkelnagelneues Dreirad, mit Klingel *und* Satteltasche. Aber die ungewöhnlichsten

Geschenke waren die Geschenke, die Jeremy James seiner Mama und seinem Papa gab. Für Mama hatte er eine schöne Schachtel mit einem hübschen kleinen Rotkehlchen obendrauf. Innen drin waren ganz viele Kieselsteine, die Jeremy James sorgfältig von den Gartenwegen aufgesammelt hatte. Und für Papa hatte er ein schönes Päckchen mit einem lächelnden Weihnachtsmann obendrauf und Silberpapier darunter, und innen drin war ein wunderhübscher Holzklotz (aus Papas Werkzeugschuppen) mit einem Bild von Papa drauf, eigens von Jeremy James gemalt. Und obwohl Mama ein kleines Geräusch machte, das so ähnlich wie »Hmpf« klang, als sie ihre Schachtel und Papas Paket sah, lächelten Papa und Mama sich doch an, gaben Jeremy James einen dicken Dankeschönkuß und erklärten übereinstimmend, daß es sich ohne jeden Zweifel gelohnt hatte, auf diese Geschenke so lange zu warten.

Ein Kind ward uns geboren

LUKAS 2, 1-21

Die Heilige Nacht

Es begab sich aber zu der Zeit, daß ein Gebot von dem Kaiser Augustus ausging, daß alle Welt geschätzt würde.

Und diese Schätzung war die allererste und geschah zur Zeit, da Quirinius Statthalter in Syrien war.

Und jedermann ging, daß er sich schätzen ließe, ein jeder in seine Stadt.

Da machte sich auf auch Josef aus Galiläa, aus der Stadt Nazareth, in das jüdische Land zur Stadt Davids, die da heißt Bethlehem, weil er aus dem Hause und Geschlechte Davids war, damit er sich schätzen ließe mit Maria, seinem vertrauten Weibe; die war schwanger.

Und als sie dort waren, kam die Zeit, daß sie gebären sollte.

Und sie gebar ihren ersten Sohn und wickelte ihn in Windeln und legte ihn in eine Krippe; denn sie hatten sonst keinen Raum in der Herberge.

Und es waren Hirten in derselben Gegend auf dem Felde bei den Hürden, die hüteten des Nachts ihre Herde.

Und der Engel des Herrn trat zu ihnen, und die Klarheit des Herrn leuchtete um sie; und sie fürchteten sich sehr.

Und der Engel sprach zu ihnen: Fürchtet euch nicht! Siehe, ich verkündige euch große Freude, die allem Volk widerfahren wird; denn euch ist heute der Heiland geboren, welcher ist Christus, der Herr, in der Stadt Davids.

Und das habt zum Zeichen: Ihr werdet finden das Kind in Windeln gewickelt und in einer Krippe liegen.

Und alsbald war da bei dem Engel die Menge der himmlischen Heerscharen, die lobten Gott und sprachen:

Ehre sei Gott in der Höhe und Friede auf Erden bei den Menschen seines Wohlgefallens.

Und als die Engel von ihnen gen Himmel fuhren, sprachen die Hirten untereinander: Laßt uns nun gehen nach Bethlehem und die Geschichte sehen, die da geschehen ist, die uns der Herr kundgetan hat.

Und sie kamen eilend und fanden beide, Maria und Josef, dazu das Kind in der Krippe liegen.

Als sie es aber gesehen hatten, breiteten sie das Wort aus, das zu ihnen von diesem Kinde gesagt war.

Und alle, vor die es kam, wunderten sich über das, was ihnen die Hirten gesagt hatten.

Maria aber behielt alle diese Worte und bewegte sie in ihrem Herzen.

Und die Hirten kehrten wieder um, priesen und lobten Gott für alles, was sie gehört und gesehen hatten, wie denn zu ihnen gesagt war.

Und als acht Tage um waren und man das Kind beschneiden mußte, gab man ihm den Namen Jesus, wie er genannt war von dem Engel, ehe er im Mutterleib empfangen war.

PETER HANDKE

Lebensbeschreibung

Gott erblickte das Licht der Welt in der Nacht vom vierundzwanzigsten zum fünfundzwanzigsten Dezember. Die Mutter Gottes wickelte Gott in Windeln. Auf einem Esel flüchtete er sodann nach Ägypten. Als seine Taten verjährt waren, kehrte er in sein Geburtsland zurück, weil er fand, daß dort der Ort sei, an welchem ein jeder am besten gedeihen könnte. Er wuchs auf im stillen und nahm zu an Alter und Wohlgefallen. Es litt ihn in der Welt. Er wurde die Freude seiner Eltern, die alles daransetzten, aus ihm einen ordentlichen Menschen zu machen.

So erlernte er nach einer kurzen Schulzeit das Zimmermannshandwerk. Dann, als seine Zeit gekommen war, legte er, sehr zum Verdruß seines Vaters, die Hände in den Schoß.

Er trat aus der Verborgenheit. Es hielt ihn nicht mehr in Nazareth. Er brach auf und verkündete, daß das Reich Gottes nahe sei.

Er wirkte auch Wunder. Er sorgte für Unterhaltung bei Hochzeiten. Er trieb Teufel aus. Einen Schweinezüchter brachte er auf solche Art um sein Eigentum. In Jerusalem verhinderte er eines Tages im Tempel den geregelten Geldverkehr. Ohne das Versammlungsverbot zu beachten, sprach er oft unter freiem Himmel. Aus der Langeweile der Massen gewann er einigen Zulauf. Indes predigte er meist tauben Ohren.

Wie später die Anklage sagte, versuchte er das Volk gegen die Obrigkeit aufzuwiegeln, indem er ihm vorspiegelte, er sei der ersehnte Erlöser. Anderseits war Gott kein Unmensch. Er tat keiner Fliege etwas zuleide. Niemandem vermochte er auch nur ein Haar zu krümmen.

Er war nicht menschenscheu. Unbeschadet seines ein wenig großsprecherischen Wesens war er im Grunde harmlos. Immerhin hielten einige Gott für besser als gar nichts. Die meisten jedoch erachteten ihn für so gut wie nichts. Deshalb wurde ihm ein kurzer Prozeß gemacht. Er hatte zu seiner Verteidigung wenig vorzubringen. Wenn er sprach, sprach er nie zur Sache. Im übrigen blieb er bei seiner Aussage, daß er der sei, der er sei. Meist aber schwieg er.

Am Karfreitag des Jahres dreißig oder neununddreißig nach der Zeitwende wurde er, in einem nicht ganz einwandfreien Verfahren ans Kreuz gehenkt.

Er sagte noch sieben Worte. Um drei Uhr Nachmittag, bei sonnigem Wetter, gab er den Geist auf.

Zur gleichen Zeit wurde in Jerusalem ein Erdbeben von mittlerer Stärke verzeichnet. Es ereigneten sich geringe Sachschäden.

MARIE LUISE KASCHNITZ

Wenn's wieder geschähe – wie vor langer Zeit

Der heilige Joseph stand in Rom, in der Krippenausstellung, beinahe lebensgroß und aus Holz geschnitzt. Er trug keinen lockigen Greisenbart, er lächelte nicht gütig, er hob die Hände nicht anbetend empor. Die Gruppe, zu der er einmal gehört hatte, war abhanden gekommen.

Er war allein, solange die Menge der Besucher an ihm vorbeiströmte, und noch mehr, als mit dem fortschreitenden Abend die Säle sich leerten. Und wahrscheinlich erreichte seine Einsamkeit den Höhepunkt, als in der Weihnacht die Ausstellung geschlossen wurde, als die Lichter gelöscht waren und statt der Schritte und Stimmen der Menschen andere geheimnisvolle Geräusche sich erhoben.

Zu dieser Stunde nämlich begannen sich auf all den kleinen Krippenbühnen die Gestalten zu bewegen. Die Hirten erhoben ihre Stäbe, die Obstverkäuferinnen in den kleinen Bogenhallen beugten sich vor, und die Heiligen Drei Könige trieben ihre Reittiere an. Überall ertönten die eindringlichen Klänge von winzigen Dudelsäcken und die Stimmen der kleinen Wachsengel, die sich an ihren Fäden bewegten und sangen.

Und dann geschah es auch dem alten heiligen Joseph, daß er erwachte und sich langsam von den Knien erhob. Dieser heilige Joseph war ohne Zweifel ein sehr trauriger Mann, und wenn er, wie die andern, zum Bewußtsein kam, konnte er nur zum Bewußtsein seiner Traurigkeit kommen. Er hatte einmal, vor sehr langer Zeit, mit seiner Frau Maria in Bethlehem Unterkunft gesucht, und die alten Bekannten hatten sich alles andere als freundlich benommen. In einem Stall war schließlich das Kind zur Welt gekommen, von dem Maria wußte, daß es Gottes Kind war. Maria war sehr glücklich gewesen, aber er selbst hatte das Kind betrachtet und die unangenehmsten Vorgefühle gehabt. Die Menschen, hatte er gedacht, sind böse und habgierig, sie werden sich nicht ändern um dieses kleinen Kindes willen.

Einen Augenblick lang war auch ihm wunderlich zumute gewesen, und zwar als das Licht des großen Sternes durch eine schadhafte Stelle im Dach gerade auf die Krippe fiel. Da hatte er eine Stimme sehr Sonderbares erzählen hören: von Apfelbäumen, die im Winter blühen, von Rosenknospen, die im Schnee aufbrechen, von Flüssen, die Wein statt Wasser führen, und von Quellen, aus denen Honig springt. Er hatte das alles auf des Kindes Leben bezogen, aber das war dann ein recht ärmliches geworden und hatte am Kreuz geendet.

An das alles dachte der alte Joseph, als er sich in der Krippenausstellung von den Knien erhob. Ich will doch sehen, dachte er, wie es jetzt zugeht, wo schon zwei Jahrtausende vergangen sind. Ich will sehen, ob es noch immer Kriegsknechte gibt, und hartherzige Wirte und Mütter, die sich um ihrer Söhne willen die Augen aus dem Kopfe weinen.

Er ging durch den nächsten Saal und betrachtete ein wenig herablassend seine Namensbrüder, die so demütig lächelten und dem Kinde die Windeln hielten. Und dann machte er ein paar raschere Schritte und gelangte durch einen Säulenhof auf die Straße hinaus.

Dort erregte seine Erscheinung nicht das geringste Erstaunen. Er sah genau aus wie einer der vielen alten Männer, die ihr Leben lang schwer gearbeitet haben und deren Rücken krumm und deren Glieder steif geworden sind. Er wurde gestoßen und geschoben von der Menge, die dem Weihnachtsmarkt zustrebte, und als er dort angelangt war, sah er sich voller Verwunderung um. Denn überall auf dem langen Platz standen Buden voll glitzernder, funkelnder Dinge. Um den Platz herum fuhren mit großer Geschwindigkeit Wagen ohne Pferde, und über den Buden erhoben sich hohe Paläste, in deren Sälen vor gemalten Sommerlandschaften Tausende von Lichtern brannten. Die verschlungenen Stäbe der Kirchengitter zeigten die Namenszüge der Maria und des Kindes, und auf dem Marmorbrunnen hoben wilde Flußgötter zwischen Palmen und Meeresrosen ihre Hände zu der Taube des Heiligen Geistes empor. Es war alles nicht mit Nazareth und nicht einmal mit Jerusalem zu vergleichen, und einen Augenblick hatte der alte Joseph die Vorstellung, er befände sich im Paradies. Aber diese glückliche Stimmung hielt nicht lange an. Wenn dies das Paradies ist, dachte Joseph von Nazareth, so müssen auch die Menschen anders geworden sein. Dann könnte so etwas wie in den Gasthöfen von Bethlehem nicht mehr vorkommen. Er beschloß, diese paradiesischen Menschen mit seiner alten Geschichte auf die Probe zu stellen. Und natürlich bestanden die Leute, die er um ein Nachtlager, um Essen und Trinken und um bunte Bälle für den kleinen Jesus anging, diese Probe nicht.

Der Türhüter des fürstlichen Palastes tippte sich an die Stirn, der Wurstverkäufer schalt über die Bettelei, und der Besitzer der bunten Bälle schüttelte sich vor Lachen, daß der alte Mann eines Neugeborenen Vater sein sollte. Und nun mit einemmal veränderte für den alten Joseph der ganze Platz sein Gesicht. Die Fahrzeuge schossen so bedrohlich und wild dahin, als hätten sie es darauf abgesehen, den alten Mann zur Strecke zu bringen, das metallene Spielzeug an den Ständen funkelte böse, und unter dem scharfen Knall der Büchsen sanken die hübschen Puppen an der Schießbude traurig hin.

Der alte Joseph fragte, was dies und jenes zu bedeuten habe, und er gewann den Eindruck, daß all die bunten Dinge Kriegsspielzeuge seien und daß die Menschen nichts anderes im Sinn hätten, als so schnell als möglich dahinzurasen und sich gegenseitig ein Leid anzutun. Er fragte nicht mehr, sondern setzte sich auf die Kirchentreppe, gerade neben einen großen Tannenbaum, der dort lehnte und der ebenso trotzig und ebenso einsam aussah wie er selbst. Und weil er es müde war, mit den Menschen zu sprechen, redete er den schwarzen Tannenbaum an.

Du hast einen schönen Stamm, sagte der alte Zimmermann.

Aber der Baum bewegte seine Zweige unwillig. Ich bin nicht meines Stammes wegen hier, sagte er. Ich bin ein Christbaum, der nicht verkauft worden ist. Ein überflüssiges Ding. Bei diesen Worten horchte der alte Joseph auf und sah den Tannenbaum nachdenklich an. Ich weiß nicht, sagte er, warum du dich darüber grämst, kein Christbaum zu sein. Seit der Geburt des kleinen Jesus ist nichts besser geworden.

Der Baum wiegte seine Zweige bedenklich hin und her.

Und dann erzählte er dem alten Joseph von den Wäldern des Nordens, aus denen er stammte. Er erzählte ihm von den wilden, trotzigen Seelen, die dort in der Weihnachtszeit wie ein zorniges Heer durch die Täler schweifen und die Weihnachtslieder in den Dörfern mit ihrem Gesang zu übertönen versuchen.

Und was geschieht ihnen? fragte der alte Joseph erschrocken.

Aber statt zu antworten, neigte der Baum seinen Wipfel, und als der alte Zimmermann ihm mit dem Blick folgte, sah er einen kleinen Knaben, der zwischen den nächtlichen dunklen Buden daherkam und gerade auf sie zu. Es war ohne Zweifel ein kleiner römischer Knabe, aber weil er nur ein kurzes weißes Kittelchen anhatte und überaus freundlich lächelte, hielt ihn der alte Joseph für das Jesuskind, und der Tannenbaum schien derselben Meinung zu sein.

Man sollte ihm etwas schenken, sagte er aufgeregt.

In diesem Augenblick fiel dem alten Joseph, der sich an diesem Abend schon an so viel erinnert hatte, noch etwas ein. Er sah sich selbst und Maria und Jesus in dem zerfallenen Stall in Bethlehem, über dem auch ein Nadelbaum stand. Auch dieser Baum hatte sprechen können, und auch dieser Baum hatte, wie die Palme und der Ölbaum, dem Kinde etwas schenken wollen. Aber er hatte es nicht gewagt, weil er finster, trotzig und stachlig war. Er hatte ganz steif dagestanden, und das Kind Jesus hatte zu ihm aufgeschaut und seine Arme zum Himmel erhoben. Es hatte eine Menge kleiner

Sternchen aus dem Himmel herabgezogen und sie dem Baum übergehängt. Und damit war Licht im Stall gewesen, lauter strahlendes Licht.

Der heilige Joseph dachte an die alte Geschichte.

Wenn das wieder geschähe, dachte er. Wenn das wieder geschähe.

In diesem Augenblick begannen alle Glocken der großen Stadt Rom zu läuten, und die elektrischen Straßenlaternen gingen aus.

Der alte Joseph dachte an die trotzigen, zornigen Seelen, die jetzt in den fernen Wäldern dahintreiben mußten, und an die großen Engel, die, wie er meinte, hier an die Glocken schlugen. Er fühlte, wie ihm das Wasser in die Augen stieg, und obwohl er sich darüber ärgerte, konnte er die Tränen doch nicht zurückhalten. Er sah das Kind vor dem Tannenbaum stehen und die Arme bewundernd erheben.

Und dann sah er in der plötzlichen Dunkelheit auch die glitzernden Sterne am Himmel, und weil seine Augen voll Tränen standen, schienen sie ihm herabzustürzen und mitten in den Zweigen des Tannenbaumes zu schweben. Er hörte wieder die Stimme, die von Honigquellen und Weinflüssen sprach, und war überzeugt davon, daß zwischen damals und heute nur wenig Zeit vergangen war, nur ein ganz unwesentlicher Bruchteil Zeit.

Ich bin ganz sicher, daß in diesem Augenblick der

alte Joseph wieder auf die Knie sank. Ich glaube auch, daß er nun langsam wieder zu Holz wurde, aus dem er vor vielen Jahrhunderten geschnitzt worden war. Aber wie er zurück in die Krippenausstellung gekommen ist, das weiß ich nicht.

SELMA LAGERLÖF

Großmutters Weihnachtsgeschichte

Es war an einem Weihnachtstag, alle waren zur Kirche gefahren, außer Großmutter und mir. Ich glaube, wir beide waren im ganzen Haus allein. Wir hatten nicht mitfahren können, weil die eine zu jung und die andere zu alt war. Und alle beide waren wir betrübt, daß wir nicht zum Mettegesang fahren und die Weihnachtslichter sehen konnten.

Aber wie wir so in unserer Einsamkeit saßen, fing Großmutter zu erzählen an.

»Es war einmal ein Mann«, sagte sie, »der in die dunkle Nacht hinausging, um sich Feuer zu leihen. Er ging von Haus zu Haus und klopfte an. ›Ihr lieben Leute, helft mir!‹ sagte er. ›Mein Weib hat eben ein Kindlein geboren, und ich muß Feuer anzünden, um sie und den Kleinen zu erwärmen.‹

Aber es war tiefe Nacht, so daß alle Menschen schliefen, und niemand antwortete ihm.

Der Mann ging und ging. Endlich erblickte er in weiter Ferne einen Feuerschein. Da wanderte er dieser Richtung zu und sah, daß das Feuer im Freien brannte. Eine Menge weißer Schafe lagen rings um das Feuer und schliefen, und ein alter Hirt wachte über die Herde. Als der Mann, der Feuer leihen wollte, zu den Schafen kam, sah er, daß drei große Hunde zu Füßen des Hirten ruhten und schliefen. Sie erwachten alle drei bei seinem Kommen und sperrten ihre weiten Rachen auf, als ob sie bellen wollten, aber man vernahm keinen Laut. Der Mann sah, daß sich die Haare auf ihrem Rücken sträubten, er sah, wie ihre scharfen Zähne funkelnd weiß im Feuerschein leuchteten, und wie sie auf ihn losstürzten. Er fühlte, daß einer nach seiner Hand schnappte und daß einer sich an seine Kehle hängte. Aber die Kinnladen und die Zähne, mit denen die Hunde beißen wollten, gehorchten ihnen nicht, und der Mann litt nicht den kleinsten Schaden.

Nun wollte der Mann weitergehen, um das zu finden, was er brauchte. Aber die Schafe lagen so dicht nebeneinander, Rücken an Rücken, daß er nicht vorwärts kommen konnte. Da stieg der Mann auf die Rükken der Tiere und wanderte über sie hin dem Feuer zu. Und keins von den Tieren wachte auf oder regte sich.«

So weit hatte Großmutter ungestört erzählen können, aber nun konnte ich es nicht lassen, sie zu unterbrechen. »Warum regten sie sich nicht, Großmutter?« fragte ich.

»Das wirst du nach einem Weilchen schon erfahren«, sagte Großmutter und fuhr mit ihrer Geschichte fort. »Als der Mann fast beim Feuer angelangt war, sah der Hirt auf. Es war ein alter, mürrischer Mann, der unwirsch und hart gegen alle Menschen war. Und als er einen Fremden kommen sah, griff er nach seinem langen, spitzigen Stabe, den er in der Hand zu halten pflegte, wenn er seine Herde hütete, und warf ihn nach ihm. Und der Stab fuhr zischend gerade auf den Mann los, aber ehe er ihn traf, wich er zur Seite und sauste, an ihm vorbei, weit über das Feld.«

Als Großmutter soweit gekommen war, unterbrach ich sie abermals. »Großmutter, warum wollte der Stock den Mann nicht schlagen?« Aber Großmutter ließ es sich nicht einfallen, mir zu antworten, sondern fuhr mit ihrer Erzählung fort.

»Nun kam der Mann zu dem Hirten und sagte zu ihm: ›Guter Freund, hilf mir und leih mir ein wenig Feuer. Mein Weib hat eben ein Kindlein geboren, und ich muß Feuer machen, um sie und den Kleinen zu erwärmen.‹ Der Hirt hätte am liebsten nein gesagt, aber als er daran dachte, daß die Hunde dem Manne nicht hatten schaden können, daß die Schafe nicht vor ihm davongelaufen waren und daß sein Stab ihn nicht fällen wollte, da wurde ihm ein wenig bange, und er wagte es nicht, dem Fremden das abzuschlagen, was er begehrte. ›Nimm, soviel du brauchst‹, sagte er zu dem Manne.

Aber das Feuer war beinahe ausgebrannt. Es waren keine Scheite und Zweige mehr übrig, sondern nur ein großer Gluthaufen, und der Fremde hatte weder Schaufel noch Eimer, worin er die roten Kohlen hätte tragen können.

Als der Hirt dies sah, sagte er abermals: ›Nimm, soviel du brauchst!‹ Und er freute sich, daß der Mann kein Feuer wegtragen konnte. Aber der Mann beugte sich hinunter, holte die Kohlen mit bloßen Händen aus der Asche und legte sie in seinen Mantel. Und weder versengten die Kohlen seine Hände, als er sie berührte, noch versengten sie seinen Mantel, sondern der Mann trug sie fort, als wenn es Nüsse oder Äpfel gewesen wären.«

Aber hier wurde die Märchenerzählerin zum drittenmal unterbrochen. »Großmutter, warum wollte die Kohle den Mann nicht brennen?«

»Das wirst du schon hören«, sagte die Großmutter, und dann erzählte sie weiter.

»Als dieser Hirt, der ein so böser, mürrischer Mann war, dies alles sah, begann er sich bei sich selbst zu wundern: ›Was kann dies für eine Nacht sein, wo die Hunde die Schafe nicht beißen, die Schafe nicht erschrecken, die Lanze nicht tötet und das Feuer nicht brennt?‹ Er rief den Fremden zurück und sagte zu ihm: ›Was ist dies für eine Nacht? Und woher kommt es, daß alle Dinge dir Barmherzigkeit zeigen?‹

Da sagte der Mann: ›Ich kann es dir nicht sagen, wenn du selber es nicht siehst.‹ Und er wollte seiner

Wege gehen, um bald ein Feuer anzünden und Weib und Kind wärmen zu können. Aber da dachte der Hirt, er wolle den Mann nicht ganz aus dem Gesicht verlieren, bevor er erfahren hätte, was dies alles bedeute. Er stand auf und ging ihm nach, bis er dorthin kam, wo der Fremde daheim war. Da sah der Hirt, daß der Mann nicht einmal eine Hütte hatte, um darin zu wohnen, sondern er hatte sein Weib und sein Kind in einer Berggrotte liegen, wo es nichts gab als nackte, kalte Steinwände.

Aber der Hirt dachte, daß das arme unschuldige Kindlein vielleicht dort in der Grotte erfrieren würde, und obgleich er ein harter Mann war, wurde er davon doch ergriffen und beschloß, dem Kinde zu helfen. Und er löste sein Ränzel von der Schulter und nahm daraus ein weiches, weißes Schaffell hervor. Das gab er dem fremden Mann und sagte, er möge das Kind darauf betten.

Aber in demselben Augenblick, in dem er zeigte, daß auch er barmherzig sein konnte, wurden ihm die Augen geöffnet, und er sah, was er vorher nicht hatte sehen, und hörte, was er vorher nicht hatte hören können.

Er sah, daß rund um ihn ein dichter Kreis von kleinen, silberbeflügelten Englein stand. Und jedes von ihnen hielt ein Saitenspiel in der Hand, und alle sangen sie mit lauter Stimme, daß in dieser Nacht der Heiland geboren wäre, der die Welt von ihren Sünden erlösen solle.

Da begriff er, warum in dieser Nacht alle Dinge so froh waren, daß sie niemand etwas zuleide tun wollten. Und nicht nur rings um den Hirten waren Engel, sondern er sah sie überall. Sie saßen in der Grotte, und sie saßen auf dem Berge, und sie flogen unter dem Himmel. Sie kamen in großen Scharen über den Weg gegangen, und wie sie vorbeikamen, blieben sie stehen und warfen einen Blick auf das Kind.

Es herrschte eitel Jubel und Freude und Singen und Spiel, und das alles sah er in der dunklen Nacht, in der er früher nichts zu gewahren vermocht hatte. Und er wurde so froh, daß seine Augen geöffnet waren, daß er auf die Knie fiel und Gott dankte.«

Aber als Großmutter soweit gekommen war, seufzte sie und sagte: »Aber was der Hirte sah, das könnten wir auch sehen, denn die Engel fliegen in jeder Weihnachtsnacht unter dem Himmel, wenn wir sie nur zu gewahren vermögen.«

Und dann legte Großmutter ihre Hand auf meinen Kopf und sagte: »Dies sollst du dir merken, denn es ist so wahr, wie daß ich dich sehe und du mich siehst. Nicht auf Lichter und Lampen kommt es an, und es liegt nicht an Mond und Sonne, sondern was not tut, ist, daß wir Augen haben, die Gottes Herrlichkeit sehen können.«

Das Fest im trauten Kreis

ELIZABETH VON ARNIM

Weihnachten in einem bayrischen Dorf

Als ich in der Dämmerung eines taubengrauen Nachmittags aus dem Zug stieg, kam mir meine Tochter auf dem Bahnsteig entgegengerannt, und neben ihr rannte ein junger Mann in kurzen Lederhosen und mit nackten Knien, und da es schon stark dunkelte und mir dieser Aufzug vertraut war, dachte ich, es sei ihr Ehemann. Deshalb begrüßte ich ihn entsprechend überschwenglich, nahm seine Hände in die meinen und rief: »Wie reizend von dir, bei dieser Kälte aus dem Haus zu gehen!«

Zum Glück kam es zwischen meinem Schwiegersohn und mir nicht zum Begrüßungskuß, doch abgesehen davon, war alles eitel Freude und Entzücken, wozu natürlich auch das vertrauliche »Du« gehörte. Meine Tochter zupfte mich am Arm. »Das ist der Taxifahrer«, flüsterte sie und kämpfte gegen ihr Gekicher an.

Ich muß sagen, der junge Mann ließ mein Benehmen mit Würde über sich ergehen. Vielleicht dachte er, alle Fremden machten das so, wenn sie auf Bahnhöfen ankämen, und die Engländer seien in Wirklichkeit gar nicht so unterkühlt, sondern ein recht feuriger Menschenschlag.

Etwas kleinlaut geworden, wurde ich aus dem Bahnhof in eine Welt von Christbäumen geführt. Vor den meisten Häusern stand ein Baum mit elektrischer Beleuchtung, und in der Mitte der einzigen breiten Straße erhob sich eine riesengroße Tanne, eine wahre Pyramide festlichen Glanzes.

Ich hatte das Gefühl, in eine Weihnachtskarte hineinspaziert zu sein: glitzernder Schnee, alte Häuser mit steilen Dächern, und auch die völlige Windstille einer Weihnachtskarte herrschte hier. Seit 1909 hatte ich keine deutsche Weihnacht mehr erlebt, die letzte in einer ganzen Kette solcher Feste, und wenn man bedenkt, daß 1909 schon so lange zurückliegt und seither viele Dinge geschehen sind, war es eigenartig, wie sehr ich mich heimisch fühlte, wie vertraut mir alles erschien und wie leicht dies, wäre die richtige Reihenfolge eingehalten worden, Weihnachten 1910 hätte sein können.

Auf der Eingangsstufe des kleinen Hauses inmitten von verschneiten Feldern und umgeben von steil aufragenden Bergen stand, überströmend von Willkommensfreude, mein echter Schwiegersohn. Er war genauso gekleidet wie der Taxifahrer, mit kurzer Lederhose und einem bestickten Hemd. Wie also konnte man von jemandem erwarten zu wissen, wer wer war? Daher schaute ich ihn mir genau an, ehe ich diesmal zu Herzlichkeiten überging. »Wie reizend von dir«, sagte ich, als ich mir ganz sicher war, »bei dieser Kälte aus dem Haus zu gehen!« Denn ich habe nicht viele deutsche Sätze auf Lager, und so muß einer mehrmals herhalten.

Nicht nur er kam mir auf der Eingangsstufe entgegen, sondern auch viele köstliche Düfte empfingen mich, sehr wohltuend für eine Hungrige, darunter solche von Lebkuchen, Leberwurst und Kraut, Gänsebraten und der ernstere Geruch – ernster, weil er auch Beerdigungen begleitet und Grabstätten umgibt –, der Geruch des Tannenbaums, der fertig geschmückt im Wohnzimmer stand.

Es war der Abend vor Weihnachten, der Tag, den die Deutschen als Heiligen Abend feiern; und während ich im ersten Stock meine Sachen ablegte, wurden die Kerzen am Baum angezündet, so daß, als ich herunterkam, der ganze Haushalt, bestehend aus Vater, Mutter, Töchterchen, drei Dienstmädchen mit weißen Häubchen und weißen Baumwollhandschuhen sowie zwei Scotchterriern, in der Diele vor der verschlossenen Tür des geheimnisvollen Zimmers auf mich wartete. Zu den Klängen von *Stille Nacht, heilige Nacht* marschierten wir in der Reihenfolge unseres Alters hinein, wobei die Jüngste den Anfang machte, und die Köchin hinter mir das Schlußlicht bildete. Da seit geraumer Zeit jedermann jünger zu sein scheint als ich, war ich richtig froh über die Köchin.

Ich wußte genau, was mich im Inneren des Zimmers erwarten würde, denn hatte ich nicht jahrelang selbst solche Räume mit ihren Bäumen und Geschenktischen vorbereitet? Da standen die Tische in der gewohnten Anordnung, für jeden einer, und auf ihnen stapelten sich hübsch eingewickelte Päckchen mit silbrigen Bändern, dekoriert mit Zyklamen- und Azaleentöpfen zwischendrin, und dort erhob sich der Baum mit der kleinen Krippe zu seinen Füßen, und Marzipanschafe scharten sich um die aus Schokolade bestehenden Heiligen Drei Könige.

Wir standen im Halbkreis, die Blicke fest auf den Baum gerichtet, damit sie ja nicht zu den Tischen schweiften, denn das hätte von schlechten Manieren gezeugt, und während wir, begleitet von den Klängen des Grammophons, eifrig *Stille Nacht* sangen, verspeisten die Scotchterrier, die keine Manieren hatten, vor unseren entsetzten Augen ein Marzipanschaf nach dem anderen, bis keines mehr übrig war. Wegen des Weihnachtsbrauchs konnten wir nichts tun, als steif dazustehen und zu singen. Tradition und Schicklichkeit ließen uns wie angewurzelt verharren. Glücklicherweise gab es nur zwei Strophen, so daß die Weisen aus dem Morgenland gerade noch rechtzeitig gerettet wurden, und ich dachte bei mir, nur Deutsche können so diszipliniert sein und sich, geschult durch viel Übung, den Anschein geben, in die heiligen Worte vertieft zu sein, während sie gewiß innerlich kochen.

Doch wegen des unmanierlichen Betragens der Scotchterrier verzögerte sich die Bescherung. Sie mußten zur Vernunft gebracht und aus dem Zimmer verbannt werden, ehe wir unsere Aufmerksamkeit den Geschenken zuwenden konnten. Die Hunde machten sich gar nichts daraus, daß sie in Ungnade gefallen waren. Die Schafe hatten sie ja sicher in ihren Bäuchen verwahrt, und ich hätte schwören können, daß sie lachten, als man sie hinausführte.

Etwas kleinlaut – nun schon zum zweiten Mal seit meiner Ankunft –, denn es schien betrüblich für die Familie, so viele Schafe zu verlieren, die man, wie ich wußte, meinetwegen erst diese Weihnachten neu angeschafft hatte und die mindestens an weiteren fünf Weihnachten unterm Christbaum hätten stehen sollen, begann ich, meine Päckchen auszuwickeln, und bald gerieten wir alle wieder in richtige Weihnachtsstimmung. Von jedem Tisch kamen Schreie der Begeisterung und Freude. Von jedem Tisch kam dauernd jemand gelaufen, um sich zu bedanken und einen zu umarmen, oder zu danken und einem die Hand zu küssen. Sogar die Köchin und ich, die *doyennes* der Feier, waren nahe daran, uns um den Hals zu fallen. Zum Glück mußte sie sich schon bald in die Küche zurückziehen, um letzte Hand an die Gans anzulegen, sonst weiß ich nicht, ob wir uns schließlich nicht doch noch in den Armen gelegen hätten.

Durch zerrissenes Geschenkpapier und silbrige Bänder watend, begaben wir uns zu Tisch, tranken, hielten kleine Ansprachen und waren fröhlich. Nach dem Essen wateten wir wieder zurück und waren nicht mehr ganz so fröhlich, und nachdem wir Baumkuchen genascht und heißen Glühwein getrunken hatten, waren wir so gut wie überhaupt nicht mehr fröhlich, weil wir am liebsten schlafen gegangen wären, dies aber aus Gründen der Tradition und Schicklichkeit nicht tun konnten.

»Man kann sich eigentlich nicht vorstellen«, sagte ich, indem ich mich von der Benommenheit zu befreien versuchte, die auf mir lastete, »daß dieses heutige Deutschland so gar nicht anders ist als das Deutschland, das ich kannte.«

»Oh, aber es ist ...«, begann meine Tochter, um sofort von ihrem Ehemann mit einem schnellen »Sei vorsichtig –« unterbrochen zu werden, denn die Dienstmädchen waren ins Zimmer gekommen. Davon wurde ich sofort wieder hellwach. Sei vorsichtig ... Aber wovor denn?

Etwas kleinlaut, nun zum dritten Mal, ließ ich mich in meinen Pelzmantel stecken und zur Mitternachtsmesse fahren. Eine glitzernde Nacht. Eine Nacht voll Frieden und Schönheit. Die Glocken der alten Kirche auf dem Hügel läuteten, und Ströme von schwarzen Gestalten – Ströme, stellte ich mit Erstaunen fest –

strebten im frommen Schweigen zu ihr hinauf! Drunten auf der Straße stand strahlend der riesige Christbaum. Auf jedem Grab im Friedhof brannte ein winzig kleiner, und alle zusammen erleuchteten den gesamten Ort mit Symbolen der Erinnerung und Liebe. Und drinnen in der Kirche, so dicht zusammengedrängt, daß wir kaum hindurchkamen, war eine Menschenmenge so andächtig versammelt, so auf den Gottesdienst konzentriert, so versunken in die Schönheit des Gesangs von (abermals) *Stille Nacht*, daß ich, die ich meine *Times* lese und weiß, was mit den Kirchen in Deutschland geschieht, meinen Augen nicht traute.

»Aber ...«, begann ich, wie ich so am Arm meines Schwiegersohnes hing.

»Sei vorsichtig«, flüsterte er schnell und umfaßte meine Hand.

Sei vorsichtig. Schon wieder. Muß man hier also ständig auf der Hut sein? Und was hatte ich denn schließlich gesagt, außer »aber«?

LUDWIG THOMA

Der Christabend

Eine Familiengeschichte

Bei Oberstaatsanwalt Saltenberger hatten sie drei Töchter, Emerentia, Rosalie und Marie.

Alle im höchsten Grade fähig und entschlossen, dem ledigen Stande zu entsagen.

Das herannahende Weihnachtsfest brachte die geliebten Eltern auf den Gedanken, daß sie ihre Kinder am besten mit Männern bescheren würden, und sie überlegten lange, wie dieses zu ermöglichen wäre.

Mama Saltenberger meinte, ihr Mann sollte seine hervorragende Beamtenstellung in die Waagschale werfen und jüngere Kollegen durch die Macht seines Ansehens an ihre staatsbürgerlichen Pflichten erinnern. Saltenberger war nicht prinzipiell abgeneigt, aber er betonte, daß dieser Einfluß nur in ganz familiären Grenzen ausgeübt werden dürfe und daß man in der Wahl der Objekte sehr vorsichtig sein müsse.

In geheimer Beratung wurde zur engeren Wahl der zukünftigen Familienmitglieder geschritten.

Beide Eheleute einigten sich zunächst auf Karl Mollwinkler, zweiter Staatsanwalt. Er war ziemlich abgelebt, und sein kränklicher Zustand ließ hoffen, daß er sich nach der Pflege einer geliebten Frau sehne.

Als zweiter ging Sebald Schneidler, königlicher Landgerichtssekretär, durch.

Nicht ohne Widerspruch. Frau Saltenberger fand die Stellung denn doch etwas subaltern. Ihr Mann hatte Mühe, sie zu überzeugen, daß die gegenwärtige Zeitrichtung die Standesunterschiede einigermaßen nivelliert habe und daß speziell in Heiratsfragen eine zu strenge Auffassung von Übel sei.

Schließlich kam man dahin überein, daß Schneidler sich in Anbetracht seiner sozialen Verhältnisse mit der ältesten Tochter, der vierunddreißigjährigen Ementia, zu begnügen habe.

Die Aufstellung des dritten Kandidaten bereitete Schwierigkeiten.

Unter den Juristen fand sich trotz sorgfältigster Prüfung keiner mehr, der des Vertrauens würdig gewesen wäre. Man mußte wohl oder übel in eine andere Sparte hinübergreifen.

Aber auch da zeigten sich überall unüberwindliche Schwierigkeiten, und schon wollte der Oberstaatsanwalt an der gestellten Aufgabe verzweifeln, als im letzten Moment Frau Saltenberger den rettenden Gedanken faßte.

»Weißt du was, Andreas«, sagte sie, »wir nehmen einfach einen von der Post. Da sind die meisten Chancen, denn fast alle Verlobungen, welche man an Weihnachten in der Zeitung liest, gehen von Postadjunkten aus.«

Dieses leuchtete ihrem Manne ein, und er gab seine Zustimmung zur Wahl des Postadjunkten Jakob Geiger. Somit war die Sache gediehen; es galt nunmehr, die zur Bescherung Vorgemerkten unter die drei Töchter zu verteilen.

Und das war das Schwierigste.

Der Friede wich aus dem Hause des Oberstaatsanwalts Saltenberger.

Emerentia brach in Tränen aus, als die Eltern von dem Plane sprachen; sie sei immer das Stiefkind gewesen, die anderen Fratzen habe man verhätschelt und verzogen, nur sie sei mißhandelt worden und jetzt solle sie sich mit einem Sekretär begnügen.

Vielleicht müsse sie noch Komplimente machen vor dem ekelhaften Ding, der Rosalie, die man natürlich zur Frau Staatsanwalt nehme, obwohl sie die Dümmste von allen sei. Aber nein! nein! und nein! Da kenne man sie schlecht. Sie lasse nicht auf sich herumtrampeln, und lieber verhindere sie den Plan, so daß gar keine einen Mann erwische, als daß sie sich mit dem Affen von einem Sekretär abfinden lasse.

Ihr Widerstand war leidenschaftlich, aber nicht schlimmer als derjenige von Marie, welcher man den Postadjunkten zugedacht hatte. Sie war die Jüngste und durfte billig annehmen, daß sie auf dem Heiratsmarkte die besten Preise erzielen könne. Allerdings schielte sie, aber sie sagte sich, daß ein verständiger Mann solche Kleinigkeiten nicht beachte. Zudem, lieber schielen, als einen Kropf haben, wie Emerentia, oder schlechte Zähne, wie Rosalie.

Papa Saltenberger hatte böse Tage; während er auf dem Bureau weilte, sammelte sich daheim eine unglaubliche Menge Sprengstoff an, welcher regelmäßig beim Mittagstisch explodierte.

So ging das nicht. Die Eltern beschlossen, die drei Herren als Ganzes zu bescheren und die Wahl den Kindern zu überlassen.

Auf diese Weise hatten wenigstens sie Ruhe gefunden, wenngleich der Krieg unter den Schwestern fortdauerte. Emerentia stickte in heimlicher Abgeschlossenheit an einem Paar Pantoffeln, und bei jedem Stich wurde sie fester entschlossen, dieselben nur dem zweiten Staatsanwalt Mollwinkler zum Zeichen ihrer Liebe an die Füße zu stecken.

Rosalie häkelte einen Tabakbeutel, Marie strickte wollene Handschuhe.

Und jede wußte, wem sie die Gabe weihen würde. Alle drei zogen die Mutter ins Vertrauen, und da Frau Saltenberger einen gutmütigen Charakter hatte, sagte sie zu jeder verstohlen: »Kindchen, Kindchen, ich seh' dich noch als Frau Staatsanwalt.«

Und jede war glücklich darüber. Erstens überhaupt, und dann, weil die zwei anderen Maulaffen vor Neid bersten würden.

So kam allmählich das heilige Weihnachtsfest heran mit seinem unvergeßlichen Zauber für die Familie, jener Tag, an welchem die Junggesellen so ganz besonders Sehnsucht empfinden nach einem schöneren Lose, nach einer liebenden Gattin und nach Kindern, welche mit ihren Spielzeugen um den Christbaum tanzen.

O, welche Gefühle warteten in dem Hause des Oberstaatsanwalts Andreas Saltenberger!

Das war ein Raunen und Flüstern, ein geheimnisvolles Weben, ein Hin und Her, von einem Zimmer in das andere, bis endlich um sieben Uhr Vater, Mutter und die drei Töchter sich im Salon versammelten, festlich geschmückt und sehr erwartungsvoll.

Jede der Schwestern erregte durch ihr reizendes Aussehen die Freude der Eltern und das verächtliche Mitleid der beiden anderen.

Es läutete. Das Dienstmädchen eilte zur Türe, im Salon hielten fünf Menschen den Atem an. Wer kam? Eine tiefe Stimme, unverständlich, dann schlurfte das Mädchen zurück und übergab dem hastig öffnenden Papa einen Brief. Aufreißen und lesen. Sekretär Schneidler sagt mit bestem Dank ab, da er heimreise. Die drei Schwestern atmeten auf. Auf diesen Menschen hatte keine reflektiert. Es läutete wieder. Das Dienstmädchen überbrachte einen zweiten Brief.

Die Absage des Herrn Staatsanwalts Mollwinkler wegen Unwohlseins.

Drei Lebenshoffnungen waren vernichtet; der Vater blickte die Mutter an, die Schwestern bissen sich auf die Lippen, und ihr Schmerz wäre unerträglich gewesen, wenn sich nicht ein klein wenig Freude an der Enttäuschung der anderen darein gemengt hätte.

Was tun? Papa Saltenberger raffte sich auf und sagte mit erzwungener Höflichkeit: »Wozu auch fremde Menschen? Nun wollen wir das Fest so recht unter uns begehen!«

Da läutete es wieder. Und diesmal kam der königliche Postadjunkt Geiger, welcher noch niemals abgesagt hatte.

Er hatte es nicht zu bereuen. Er war der verhätschelte Liebling der Familie; er bekam ein Paar Pantoffeln, einen Tabakbeutel und wollene Handschuhe, viele Süßigkeiten, Äpfel und Nüsse.

Er trank einen sehr guten Wein und einen famosen Punsch, er aß Rheinsalm, Rehbraten und Pudding und bewunderte die Freigebigkeit der Familie, welche für ihn allein so reichlich auftragen ließ.

Er sagte allen Damen Liebenswürdigkeiten und ließ sich von jeder in der gehobenen Stimmung auf die Füße treten.

Und als er ziemlich betrunken den Heimweg antrat, sagte er sich, daß das Familienleben doch sein Gutes, besonders hinsichtlich der leiblichen Genüsse, habe.

Und er verlobte sich am Sylvesterabend mit der wohlhabenden Witwe Reisenauer, welche ein gutgehendes Geschäft am Marktplatz hatte.

TANJA DÜCKERS

Der Schokoladenbrunnen

Unsere Weihnachtsvorbereitungen waren bisher alles andere als harmonisch verlaufen. Mein Vater wollte Heiligabend Gans essen. Meine Mutter wollte erst am 1. Weihnachtstag Gans essen. Meine Schwester wollte nicht mit der Gans bis zum 1. Weihnachtstag warten, weil sie gar nicht vorhatte, diesen mit uns zu verbringen. Ich als Vegetarierin war nicht scharf auf die Gans, egal an welchem Abend. Unser Hund wiederum wollte die Gans sofort essen.

»Also gut, was auch immer es zu essen geben wird, treffen wir uns erst mal um 18 Uhr zur Bescherung«, beendete meine Mutter die nervenaufreibende Diskussion. »Beim Schokoladenbrunnen«, ergänzte ich. »Was? Das blöde Ding willst du auch noch Weihnachten anwerfen? Sind wir bei der Eröffnung einer Bank-Filiale oder was?«, rief meine punkige Schwester. Ich schwieg beleidigt. Schon wenn man gern Schokolade aß, war man in ihren Augen ein Spießer. Gemütlichkeit lehnte sie rundweg ab – ich hingegen zelebrierte sie. Unterschiedlicher konnten Zwillingsschwestern kaum sein.

»Diesen Brunnen finde ich komisch an Weihnachten«, meinte nun auch mein Vater, »reichen nicht Zimt- und Dominosteine?« Doch Benno kläffte zustimmend – in warme Schokolade getauchte Obststückchen waren ganz nach seinem Geschmack. Chris, meine Schwester, zog eine verächtliche Grimasse: »Ihr Leckermäulchen.« »Es ist Weihnachten, warum soll sie dann nicht ihren geliebten Schokoladenbrunnen aufbauen, der plätschert doch so nett«, legte meine Mutter ein Wort für mich ein.

3:2 für mich.

Während meine Mutter mit der Gans kämpfte, mein Vater den Christbaum schmückte und Chris mit ihrem neuen Freund telefonierte, widmete ich mich der Inbetriebnahme des Schokoladenbrunnens – keine Sache von fünf Minuten: Von Blockschokolade raspeln über Palmöl erwärmen bis hin zu jede Menge Obst in kleine Stückchen schneiden und in Schalen füllen, gibt es einiges zu tun. Ein absolut wackelfreier Platz mit nahe gelegener Steckdose muss auch gefunden werden, wobei darauf zu achten ist, dass niemand übers Stromkabel stolpern kann. Die Folgen mag man sich nicht ausmalen.

Während ich mich voller Hingabe dem Schokoladenbrunnen widmete, hörte ich von draußen Kirchenglocken und Stimmengewirr auf der Straße. Kinder kreischten, freuten sich oder quengelten, Erwachsene stöhnten, mahnten oder quengelten ihrerseits. Einmal raste die Feuerwehr an unserem Haus vorbei, dann zischte eine einzelne giftgrüne Silvesterrakete vor unserem Fenster in die Höhe, um sich langsam in Gold und Rot über den Abendhimmel zu ergießen. Aus der Nachbarwohnung klang klassische Musik, von gegenüber der Benefizsong »Do they know it's Christmas time? Feed the world ...«. »With chocolate«, ergänzte ich im Geist.

Nun standen meine Eltern in ihren Wintermänteln in der Tür und wollten in die Kirche gehen. Weder Chris noch ich kamen mit, was sicherlich nicht nett für sie an Heiligabend war. Aber ich war noch schwer mit Schokolade-Raspeln beschäftigt, und Chris redete immer noch wild auf den armen Kerl ein, der so verrückt war, sich auf sie eingelassen zu haben. Wenigstens wieselte Benno mit ihnen mit.

Zwei Stunden später trudelten sie wieder ein.

»Ich finde, der Pfahlbusch hat das diesmal ganz schön gemacht ...«, hörte ich meine Mutter. »Ach, der Katastrophalbusch?«, fragte Chris. Das war offenbar ihr neuer Name für Pfarrer Pfahlbusch, der ebenso senil wie einfältig war. Ich bog mich vor Lachen – aber die Züge meines Vaters vereisten. Der Abend entwickelte sich ja prächtig. »Essen wir jetzt? Das Christkind ist am Verhungern!« Meine Schwester deutete mit Leidensmine auf ihren nicht vorhandenen Bauch. Auch Benno kläffte erwartungsvoll.

»Christina – wir singen wenigstens vorher drei Lieder – einfach nur ›Hoppla, wo bleibt das Essen?‹, das passt mir nicht, es ist schließlich Weihnachten.«

»Aaalso gut, singen wir ...« Chris verdrehte die Augen. Das gab meiner Mutter den Rest. Sie schmiss ihren Mantel auf den Boden und schrie: »Deine materialistische Art finde ich einfach widerlich! Fressen und Geschenke! Und du spielst dich als Globalisierungskritikerin und sonst was auf! Ist dir bestimmt zu uncool, einmal im Jahr mit deinen Eltern drei Lieder zu singen, nicht wahr?«

»Warum geht es Weihnachten verdammt noch mal immer nur nach deiner Nase? Und warum definierst nur du, was materialistisch ist, warum glaubst du eigentlich immer, moralisch im Recht zu sein?« Meine Schwester stand mit verschränkten Armen vor unserer Mutter. »Das ist keine Atmosphäre, um gemeinsam zu singen«, flüsterte mein Vater und sank auf seinen Platz am Tisch. Während des Essens hoben meine Eltern ihre Blicke nicht von den Tellern. Ich fragte meine Schwester über ihren neuen Lover aus, aber Chris war so wortkarg, dass ich schließlich mit Bennos Stirnfransen spielte.

Als mein Vater schweigend die Teller abräumte, sah ich meine Stunde gekommen. »Jetzt können wir ja zum Nachtisch übergehen!« Da grinste die Runde schwach amüsiert. Es war klar, jeder war stocksauer, wollte den

Abend nur noch rumkriegen. Allen fehlte aber offensichtlich der Elan, sich gegen meinen Wunsch zu wehren. Bald hielten wir Apfel-, Bananen- und Apfelsinenstücke unter die tropfenden Brunnenschalen.

»Sehr gesund ist das ja nicht«, meinte meine Mutter spitz.

»Hmm, ist das guuut!«, gab Chris sofort zurück.

»Da muss man aber aufpassen!« Mein Vater wischte an seinem Hemdärmel herum.

Wer sich einem Schokoladenbrunnen im weißen Hemd nähert, ist selber schuld, lag mir auf der Zunge.

»Was'n das für'n Knopf?«, fragte Chris – und gab damit dem Abend ohne es zu ahnen die entscheidende Wende.

»Damit kann man verschiedene Stufen einstellen«, gab ich zurück.

»Wie, verschiedene Stufen?«

»Na, der Brunnen kann die Schokolade unterschiedlich schnell herunterrinnen lassen. Wir haben jetzt Level 1, du kannst aber auch eine Stufe höher stellen, dann gluckst es richtig ...«

Chris streckte ihre Hand aus – und was dann genau passierte, wird niemand mehr rekonstruieren können. Der Schokoladenbrunnen machte ein Geräusch, als wäre er ein startender Rennwagen, dann hoben sich plötzlich die Schalen, und die ganze Schokoladenmasse flog mit einem lauten, pfeifenden Ton in drei horizontalen Bahnen – entsprechend der Höhe der obersten Schale, der mittleren und der untersten – quer durchs Zimmer, über unsere Gesichter, über Gemälde und Fotografien, über die Seidenvorhänge, über die geöffnete Vitrine mit dem Porzellan, über das Klavier, über Türen und Fenster, den Fernseher, die Stereo-Anlage, die Stehlampe – einmal rundherum.

»Stanzi! Stell das Ding ab! Mach das Ding aus! Ogottogott, Hilfe!«

Die Schokolade hatte sich mittlerweile überhitzt, heiße Streifen schlugen in unsere Gesichter, es tat richtig weh. Chris zog jetzt geistesgegenwärtig den Stecker. Auf diese schlichte Idee war ich in meiner Schreckstarre nicht gekommen. Langsam senkten sich die abgespreizten Schalen, dann gab es ein Geräusch, wie wenn man mit Gummistiefeln durchs Wattenmeer läuft: Ein lautes schmatzendes Blubb drang aus den unergründlichen Tiefen des Schokoladenvulkans.

Wir saßen eine Weile lang nur still da, mit unseren besudelten Gesichtern.

»Stanzi ... wie konnte das passieren?«, fragte meine Mutter, dabei wischte sie sich mit ihrer Serviette Schokolade vom Gesicht. Mein Vater nahm ihr die Serviette aus der Hand, tupfte ihr Gesicht sanft ab.

Ich zuckte kraftlos die Schultern. »Keine Ahnung ...«

»Tolles Ding«, meinte Chris verächtlich. In ihrem blond gefärbten Strubbelhaar klaffte ein dunkler Schokoladenkrater. Warum machten die Punks nicht daraus eine Mode? Ich nahm ihre Serviette und tupfte sie ab. Danach wurde ich abgetupft.

»Also ... am besten fangen wir ... dann mal ... an«, stammelte mein Vater. Meine Mutter ging ins Bad und kam mit vier quietschbunten Schwämmen zurück. »O du fröhliche, o du selige, Gnaden bringende Weihnachtszeit ...« knisterte aus unserem Uralt-Radio. Wir machten uns an die Arbeit, krabbelten unter und über die Möbel, stolperten übereinander und hörten eine schreckliche Weihnachtslied-Schlagerversion im Radio nach der anderen. Zum ersten Mal fand ich es richtig gemütlich in dem immer etwas aseptisch wirkenden Wohnzimmer meiner Eltern. Wo man auch hinguckte, es fanden sich immer noch Schokoladenspritzer. Irgendwann rief mein Vater erschöpft: »Hört mal, wir müssen langsam einen Punkt machen! Ein bisschen Schokolade hier und da, das verträgt das Wohnzimmer schon. Ich bin todmüde.«

Chris und ich ließen uns auf das nächste Sofa plumpsen; es war sagenhaft spät. Unsere Nachbarn schienen alle seit Stunden zu schlafen.

»Wollt ihr nicht heute Nacht hier bleiben, es dämmert ja schon«, bot mein Vater an, meine Mutter hatte sich mit halb geschlossenen Augen an ihn geschmiegt, als hätten sie sich heute gar nicht angegiftet. Chris und ich nickten simultan. Wir beide hatten seit unserem

Auszug nicht mehr hier geschlafen, schon gar nicht mitten im heiligen Wohnzimmer, aber es war klar, dass es keine andere Möglichkeit gab; unsere Kinderzimmer waren längst zu Büro- und Archivräumen umgestaltet worden. Wir grinsten uns an. Ich tätschelte Benno, der eine ganz braune Zunge hatte.

Unsere Mutter kam mit Bettzeug, und mir entging nicht, dass ihr versonnener Blick nicht nur Chris und mir galt, sondern auch dem riesigen, dunklen, von heruntergebrannten bläulich flackernden Kerzen immer noch majestätisch beleuchteten, defekten Schokoladenbrunnen.

Von Weihnachtsmännern und Lebkuchen

PAUL MAAR

Der doppelte Weihnachtsmann

Ich muß ungefähr sechs Jahre alt gewesen sein, als ich anfing, nicht mehr so recht an den Weihnachtsmann zu glauben.

»Gibt es den Weihnachtsmann eigentlich wirklich?« fragte ich Mama, als wir am Nachmittag gemütlich zusammensaßen und Weihnachtsschmuck bastelten.

»Du hast ihn doch oft gesehen«, sagte Mama. »Erinnerst du dich nicht an letztes Weihnachten, wie er hereinkam hier ins Zimmer, mit seinem langen Mantel und seinem weißen Bart? Wir haben doch zusammen Weihnachtslieder gesungen.«

»Jaja«, sagte ich. »Aber wieviel Weihnachtsmänner gibt es eigentlich?«

»Wie viele? Natürlich nur einen. *Den* Weihnachtsmann!« sagte sie.

»Und der kommt auch zum Klaus?« fragte ich weiter. Klaus war mein Freund. Er wohnte ein paar Häuser weiter.

»Ja, natürlich«, sagte Mama.

»Und zur Elke nach Paderborn auch?« Elke war vor zwei Monaten mit ihren Eltern nach Paderborn gezogen.

»Ja, zu Elke auch«, sagte Mama.

»Und zu den Kindern in München und in Hamburg?« fragte ich.

»Zu denen kommt er auch!«

»Wie kann er denn am gleichen Abend in München und in Hamburg und in Paderborn sein?« fragte ich.

»Wie er das kann, weiß ich auch nicht«, sagte Mama. »Er kann es halt. Dafür ist er eben der Weihnachtsmann. Als Weihnachtsmann kann er vielleicht an zwei Orten gleichzeitig sein.«

Damit waren meine Zweifel aber noch lange nicht verschwunden. Ich hatte sogar einen bestimmten Verdacht.

»Wieso ist Papa eigentlich nie dabei, wenn der Weihnachtsmann kommt?« fragte ich.

Mama tat erstaunt. »Ist er denn nie dabei?« fragte sie.

»Nein«, antwortete ich. »Jedesmal sagt er am Weihnachtsabend, er müsse noch was erledigen, und dann geht er weg. Und gleich darauf kommt dann der Weihnachtsmann. Und wenn der Weihnachtsmann mit dir und mir Lieder gesungen hat und wieder weggegangen ist, dann kommt Papa zurück und fragt uns, wie es denn gewesen sei mit dem Weihnachtsmann!«

»So ein Zufall!« sagte Mama. »Ich werde Papa sagen, daß er diesmal dableiben soll, wenn der Weihnachtsmann kommt.«

Als Papa am Abend nach Hause gekommen war, hörte ich die beiden in der Küche halblaut miteinander reden. Ich ging leise zur offenen Küchentür, um zuzuhören.

»*Du* kannst es jedenfalls nicht mehr machen«, sagte Mama gerade zu Papa. »Er hat etwas gemerkt.«

»Aber wer denn dann?« fragte Papa.

»Vielleicht Robert?« sagte Mama. »Wir haben Robert doch sowieso zu Weihnachten eingeladen. Da kann er ja ...« In diesem Augenblick sah sie mich in der Tür stehen, brach mitten im Satz ab und sagte zu mir: »Du mußt jetzt mal in dein Zimmer gehen. Wir wollen gerade etwas Wichtiges besprechen. Etwas, das nur die Erwachsenen angeht.«

Damit schob sie mich in mein Zimmer, und ich konnte nicht erfahren, was die beiden wohl besprechen wollten.

Drei Tage später war Weihnachtsabend. Wir saßen im Eßzimmer und warteten auf den Weihnachtsmann. Und auf Onkel Robert. Onkel Robert war der Bruder von Papa. Er wollte dieses Weihnachten mit uns feiern.

»Wo Robert nur bleibt?« sagte Papa und schaute auf die Uhr. »Er wollte doch schon längst da sein.«

»Es schneit. Vielleicht kommt er mit dem Auto nicht durch«, sagte Mama.

»Hoffentlich hast du nicht recht«, meinte Papa und schaute wieder auf die Uhr.

Wir warteten eine Viertelstunde, eine halbe Stunde, und ich fragte alle fünf Minuten, wann denn der Weihnachtsmann käme. Aber er kam nicht. Und Onkel Robert auch nicht.

Papa wurde immer ungeduldiger. Plötzlich sprang er auf, ging aus dem Zimmer und rief uns im Hinausgehen zu: »Ich muß noch ’ne Kleinigkeit erledigen. Es dauert nicht lange, ich bin gleich wieder da!«

Ich fand es sehr schade, daß Papa gerade jetzt weg mußte. Ich hatte Sorge, der Weihnachtsmann könnte vielleicht wieder gerade dann kommen, wenn Papa weg wäre. Und wirklich: Papa war kaum fünf Minuten aus dem Zimmer, da klopfte es an die Tür, und der Weihnachtsmann kam herein.

Es war wie jedes Jahr: Erst fragte er mich, ob ich auch immer schön brav gewesen wäre. Dann sangen wir zusammen »Stille Nacht«, und dann gingen alle hinüber ins Weihnachtszimmer.

Nach einer Weile sagte Mama: »So, lieber Weihnachtsmann, jetzt hast du dir einen ordentlichen Schluck verdient, jetzt darfst du in die Küche gehen und was trinken!« Und der Weihnachtsmann ging in die Küche. Kaum war er hinter der Küchentür verschwunden, da hörten Mama und ich vom Flur her laute Schritte und Gepolter.

»Um Gottes willen!« rief Mama, irgendwie erschrokken.

»Nein, Robert ...«

Da ging die Tür auf. Aber es war nicht Robert, der hereinkam, sondern der Weihnachtsmann. Weiß der Himmel, wie er es geschafft hatte, von der Küche aus in den Flur zu kommen! Vielleicht war er aus dem Küchenfenster gestiegen und zum Flurfenster wieder herein. Er kam direkt auf mich zu. Ich war so damit beschäftigt, meine Geschenke auszupacken, daß ich ihn gar nicht weiter beachtete. Schließlich hatten wir uns ja eben lange unterhalten und zusammen ein Lied gesungen!

»Na, willst du denn gar nicht aufstehen?« fragte der Weihnachtsmann mit tiefer Stimme und baute sich vor mir auf.

Erstaunt stellte ich mich vor ihn hin.

»Nun, bist du denn auch immer brav gewesen?« fragte er und schaute mich streng an.

»Das hab ich dir gerade doch schon gesagt«, sagte ich erstaunt.

»Wann gerade?« fragte der Weihnachtsmann.

»Na eben«, sagte ich. »Bevor wir zusammen gesungen haben.«

»Wann sollen wir gesungen haben?« fragte der Weihnachtsmann ganz ratlos.

Ich wußte nicht, ob er wirklich so vergeßlich war

oder ob er vielleicht einen Spaß machen wollte. Ich sagte mal überhaupt nichts.

»Was haben wir denn angeblich gesungen?« fragte der Weihnachtsmann weiter.

»Na, ›Stille Nacht, hei‹ ...« So weit war ich gerade gekommen, da schaute ich zufällig zur Küchentür hinüber. Und da sah ich etwas so Verwunderliches, daß ich aufhörte zu reden und mit offenem Mund staunte. Mama hatte doch recht gehabt! Der Weihnachtsmann konnte wirklich an mehreren Orten gleichzeitig sein. Denn der Weihnachtsmann stand nicht nur vor mir, mit seinem langen Mantel und seinem weißen Bart, er stand auch gleichzeitig in der Küchentür, hatte ein Glas Wein in der Hand und schaute verblüfft zu uns ins Zimmer.

Als der Weihnachtsmann sich sah (oder muß man sagen: Als die Weihnachtsmänner einander sahen?), machten beide kehrt, gingen hastig aus dem Zimmer und klappten die Tür hinter sich zu.

Nach einer Weile kam Papa zurück. Und mit ihm Onkel Robert, der inzwischen auch eingetroffen war.

»Stellt euch vor, ich habe den Weihnachtsmann doppelt gesehen!« erzählte ich ihnen gleich aufgeregt.

Aber sie gingen gar nicht darauf ein, sondern meinten nur, es sei höchste Zeit, daß wir nach all diesen Aufregungen mit dem Weihnachtsabendessen begännen.

Was sie allerdings mit »Aufregungen« meinten, ist mir nie ganz klargeworden. Denn schließlich waren Papa und Onkel Robert ja gar nicht dabeigewesen, als *ich* diese aufregende Weihnachtsmannverdopplung erlebte!

ERICH KÄSTNER

Eine nette Bescherung

Herr Arno Leinert stand vorm Schlafzimmerspiegel und klebte sich einen Vollbart. Genau betrachtet, handelte sich's um höchst ordinäre, schmutzig graue Watte, die nur, weil sie ans Kinn gepeppt wurde (aus geografischen Gründen sozusagen), als Vollbart angesprochen zu werden verdiente. – Herrn Leinerts Verkleidungsbedürfnis ging aber weiter. Er band sich eine Larve vor, die ihn nicht eigentlich vorteilhaft veränderte: runde, blutunterlaufene Bäckchen wölbten sich unter unerträglich stupiden Schlitzaugen, und eine Kartoffelnase, die jede Vorstellung übertraf, zitterte wie nervöser Pudding über dem Wattekinn. Das, was Leinert im Spiegel sah, glich zehnmal eher einer geplatzten Matratze als einem Gesicht ... Er lächelte der im Spiegel starr grinsenden Maske zu und stand im Begriff, vor sich selber Angst zu bekommen, als die Stimme seiner Frau durch den Flur klingelte: »Arno, mach schnell! Wir können mit der Bescherung nicht länger warten!«

Leinert stieß mehrere Worte hervor, die dem Heiligabend – denn um diesen handelte sich's im vorliegenden Falle – in keiner Weise gerecht zu werden vermochten. Dann zerrte er seinen Gehpelz aus dem Schrank, stülpte ihn (den Pelz, versteht sich) um und kroch hinein, so dass er nahezu einem Tiger glich, der »Männchen« macht. Als Kopfbedeckung erwischte er, eher zufällig als in Absicht, den Zylinder. Schließlich packte er den Teppichklopfer, warf eine zum Sack verarbeitete Chaiselonguedecke über die Schulter und stampfte flurwärts.

Der Effekt des weihnachtsmännisch verkappten Herrn Leinert übertraf jede Erwartung. Sogar die Erwachsenen wurden blass. Leinerts Frau nämlich und ihre Schwester, die mit einem Metallarbeiter Börner verheiratet war und diesen mitgebracht hatte. – Geradezu jammervoll wirkte Leinerts Äußeres allerdings auf dessen eigenen Sohn, der auf den Namen Egon hörte und von Natur ängstlich war. Egon stand, bevor der Papa eintrat, am Christbaum und memorierte rücksichtsvoll ein paar Verse, die er – unbeschadet seiner fünf Jahre – erlernt und darüber hinaus begriffen hatte.

Es hat keinen Sinn, länger das Resultat der Leinert'schen Bescherung zu verheimlichen ... Als jenes Ungetüm, zu dem Herr Arno Leinert sich verwandelt hatte, die Stube betrat, schrie Egon derart markerschütternd auf und setzte sich so unzweideutig auf den kleinen Hosenboden, dass Frau Leinert nichts Besseres wusste, als mit dem schreienden Söhnchen im Laufschritt das weihnachtlich duftende Gemach zu verlassen.

Gut Ding will Weile. Und Egon kam so bald nicht wieder zum Vorschein ... Leinert kratzte sich die Watte vom Kinn, zerrte die Larve wütend vom Gesicht, stülpte den Zylinder auf die Goethe-Büste und sank mürrisch neben Börners in einen Stuhl. »Na, warum habt ihr eure Kinder nicht mitgebracht?«, fragte er die Schwägerin. »Max wollte nicht«, meinte Frau Leinerts Schwester und blickte verlegen auf ihren Mann. – »Ist nichts für Arbeiterkinder«, erklärte Börner. »Neid ist schon für uns Große schädlich, Kinder ruiniert es in Grund und Boden. Ein Kind, das zwei Paar wollene Strümpfe kriegt, darf nicht zusehen, wenn andere mit elektrischen Eisenbahnen spielen und Hunde mit Marzipanbrot füttern.« Arno Leinert schob sich aus dem Stuhl, kippte einen Kognak und sagte: »Knurre nicht, Schwager! Weihnachten ist bekanntlich das Fest der Freude.« »Da fangt nur bald an, euch zu freuen!«, schlug Börner vor.

Leinert zuckte mit den Achseln und verließ das Zimmer. Dann hörte man irgendwo schreckliches Gebrüll und diabolisches Fluchen. Börner packte seine Frau bei der Schulter: »Komm, Alma, wir gehen wieder.« Die Frau stülpte ihr unscheinbares Hütchen auf den Kopf, blinzelte in die Christbaumkerzen hinein, trat vor den geschenkbeladenen Ausziehtisch, streichelte ein Pelzmäntelchen, bewunderte einen Stapel seidener Hemden, krampfte die Hände in Spitzen und Chinakrepp und sagte: »Mann, nimm dir wenigstens noch eine von den guten Zigarren.« Er sah sie ein wenig böse an und zog sie zur Türe.

Da sprang Leinert ins Zimmer und schrie: »So ein Quatsch verdammter! In was für 'ne Kleinkinderbewahranstalt bin ich denn hier geraten!« Und schon trampelte er, wie ein gereizter Elefant, auf der am Boden sorglich aufgestellten Eisenbahn herum, auf dem Bahnhof, auf dem Stationsvorsteher, den Signallampen und dem zierlichen Stellhaus. Ohne ein Wort zu verlieren, in stummer Verzweiflung, zerstampfte er, was ihm unter die Sohlen geriet. Dann stieß er, wie ein Fußballer, das vorzeitige Gerümpel unter die Schränke und brüllte: »Blech!« Schließlich riss er das Fenster auf und warf alles, was er erwischen konnte, zum Fenster hinaus: Bilderbücher und Dessous, Baukästen und Schlipse, Perlenkolliers und Kinderkleider, Dichterquartette, Uhrketten und Ölsardinen – alles sauste im Bogen aufs Pflaster.

»Was ist denn mit dir los?«, fragte Börner. Und als keine Antwort kam, fragte Börners Frau: »Wo sind denn Herta und Egon?« – »Im Bett ist die Bande!«, kreischte Leinert, »der Herr Sohn hat den Schreikrampf, und seine Mutter telephoniert zum Onkel Doktor, es stürbe wer! So eine schwächliche Bagage! Ich fahre fort. Und sie mögen um die Wette schrein, solange sich's die Nachbarn gefallen lassen. Sie sollen ihre werten Nerven einmotten und ihre Stiefelchen mit Watte besohlen lassen! Ich hab genug!« Damit stürmte er aus dem Zimmer, das aussah, als sei ein Gewitter niedergegangen. –

Börners schlugen sich schleunig in die Büsche. Vor dem Haus standen und kauerten viele Menschen und suchten Weihnachtsgeschenke aus dem Dreck. In der Ferne tauchte der Schutzmann auf. Die Menge fuhr eilends auseinander. Frau Börner blickte neugierig auf die Straße und flüsterte: »Ob das Halsband noch daliegt?« Aber der Mann packte ihren Arm und zog sie fort.

WILHELM MATTHIESSEN

Die Geschichte von den Lebkuchen

Das ist nun schon viele hundert Jahre her, da hat in Nürnberg, der berühmten Stadt, ein dicker runder Bäckermeister gewohnt. Aber nicht nur aufs Backen verstand er sich, er war auch ein grundguter Kerl. Das Herz tat ihm immer weh, alle Jahre, wenn es auf Sankt Niklaustag oder Weihnachten zuging. »Du liebes Christkind«, brummelte er, »was soll ich diesmal nur Leckeres backen, daß du es den Kindern bringst? Immer Brot und nur Brot und nichts als Brot, das geht doch nicht! Ach, was mach' ich nur, ich armer, dicker, runder Bäckermeister?«

Er besann sich hin, besann sich her. Dann aber – die Hagebutten wurden schon rot und die Haselnüsse braun und der Wind schüttelte die Kastanien von den Bäumen – kaufte er sich ein Notizbuch, packte seine Siebensachen und befahl der Katze, sie solle die Mäuse kurzhalten, damit sie ihm nicht das ganze Mehl für die Weihnachtsbäckerei wegfräßen. »Denn ich will doch sehen, was es sonst noch zu backen gibt als Brot und immer noch mal Brot.« Er schloß die Tür hinter sich ab und wanderte hinaus in die weite Welt.

Zuerst kam der dicke runde Bäckermeister nach Regensburg. Aber soviel er sich auch umschaute, hier gab es nur Brot und Regensburger Würstchen. »Nichts für mich!« dachte er und machte, daß er nach München kam. Aber die Münchener Salzbrezel, damit konnte er nun mal gar nichts anfangen. Zu Weihnachten Salzbrezel? Nein, das wäre ja noch schöner!

So tippelte der dicke runde Bäckermeister weiter, und immer noch war sein Notizbuch leer. Nach Frankfurt kam er, da machten sie nur Frankfurter Würstchen und Apfelwein. Sogar in der Kaiserstadt Aachen gab es die Aachener Printen damals noch nicht. Auch in Köln nur Käsebrötchen, die »Halbe Hähne« hießen, und nicht mal in Amsterdam backten die Leute Spekulatius. Aber der Bäckermeister ließ den Mut nicht sinken und wanderte ostwärts. Da erlebte er denn auch kein blaues Wunder. Die große Stadt Berlin, ja, die stand damals noch gar nicht! Nur Wald und Sumpf. In dem Wald aber traf er einen uralten Einsiedler. Der lebte von Eicheln und Haselnüssen. »Am besten gehen Sie mal nach Wien«, sagte der Einsiedler zu dem Bäckermeister. »Da soll's Wiener Würstchen geben, fabelhaft!«

Aber der dicke runde Bäckermeister hatte nun genug. »Es hilft alles nichts«, dachte er, »ich will lieber zurück nach Nürnberg!« Er wanderte einen Tag um den andern. Da endlich kam er in die böhmischen und bayrischen Wälder. Als es dann Abend wurde und Nacht, traf er zum Glück auf ein Häuschen. Das stand tief unter den dunklen Fichten. Dicht neben dem Häuschen war ein großer, schwarz verräucherter Backofen. Oh, so etwas gefiel dem dicken runden Bäkkermeister! Er klopfte bei dem Häuschen an, klopfte noch einmal und noch einmal. Da endlich wurde es lebendig drinnen. Die Tür ging auf, und darin stand eine uralte Frau, die krächzte: »Mitten in der Nacht? Das sind mir ja feine Manieren! Ich bin nämlich die Waldfrau, und mit mir ist nicht gut Kirschen essen!« So schimpfte sie, fuchtelte mit ihrem Krückstock und wackelte mit dem Kopf.

»Keine Angst, Mütterchen«, sagte der brave Bäckermeister.

»Ich bin müde vom langen Weg. Ein Eckchen auf der Ofenbank habt Ihr sicher für mich?«

»Hunger hast du wohl auch?« kreischte die Alte. »Scher dich! Ich hab' nichts wie Lebkuchen und Pfeffernüsse, und du glaubst gar nicht, wie satt ich es bin, das süße Zeug!«

Der Bäckermeister riß Mund und Augen auf. »Was habt Ihr? Süßen Lebkuchen und süße Pfeffernüsse? Sagt das noch einmal!«

»Du hast wohl Rattennester in den Ohren?« giftete die Waldfrau. »Lebkuchen und Pfeffernüsse! Pfeffernüsse und Lebkuchen, Lebkuchen und Pfeffernüsse!«

Dem Bäckermeister rollten vor Freude die dicken

Tränen herab. »Dann ist ja alles gut«, sagte er, »ich hab' nämlich nur Brot!«

»Was hast du?« schrie die Alte. »Bist du verrückt? Brot hast du? Ich weiß nicht einmal, was Brot ist! Sag, ist das süß oder sauer?«

»Brot? Das ist mehr sauer«, sagte der Bäcker. »Sauer?« rief die Waldfrau. »Sauer ist Brot? Oh, wie lecker, wie lecker!« Und sie packte ihn bei der Hand und riß ihn in den Hausflur, daß er fast der Länge nach hingeflogen wäre.

Bald aber saßen sie zusammen auf der Herdbank. Der dicke runde Bäckermeister kramte alles, was er zu essen bei sich hatte, aus der Tasche. Die Alte stopfte das Brot Brocken für Brocken in den Mund, schlang wie ein Wolf, schmatzte und schluckte. Und der Bäkker verdrehte die Augen vor Wonne und aß süße Lebkuchen und Pfeffernüsse.

»Nun hab' ich's, wonach ich suchte«, sagte er, »und brauche nicht mehr durch die ganze Welt zu rennen. Denn du, Waldfrau, sagst mir doch gewiß, wie man die Dinger mischt und mengt, buddelt und knuddelt. Und wieviel Zucker und Salz, Butter und Schmalz, Pfeffer und Zimt und was sonst dazu gehört. Dafür verrate ich dir das mit dem Brot!«

Da freute sich die Alte, tanzte wie ein Brummkreisel im Häuschen herum, verlangte neues Brot, mampfte und pampfte, und zwischendurch wisperte sie dem

Bäckermeister zu, wie man Lebkuchen und Pfeffernüsse backt. Der dicke runde Bäckermeister aber hatte bald sein Notizbuch vollgeschrieben und die Rezepte für sechserlei Brot der Waldfrau mit Kreide auf die Tür gekrakelt.

Früh am andern Morgen dann wanderte er weiter und kam gerade heim, als es zu weihnachten anfing. Zu Hause war auch alles in schönster Ordnung. Die Katze war auf dem Posten gewesen, und die Mäuse hatten keine guten Tage bei ihr gehabt, gut und schneeweiß war das Mehl.

Noch am selben Tag fing das Backen an: Lebkuchen und Pfeffernüsse und noch einmal Lebkuchen und Pfeffernüsse.

Die Leute der Stadt Nürnberg waren sehr verwundert. Denn alle Abende, sowie es dunkelte, ging's los, klingklang, durch alle Gassen. Das waren die Weihnachtsengel mit ihren Schlitten. Kam einer mit einem vollen Sack aus dem Bäckerladen, so hielt schon der nächste brr! sein Pferdchen an und stieg aus. Ein Duft aber nach süßem Backwerk und Engelsflügeln hing über der Stadt. Und tausend Heiligenscheine glitzerten blau, silbern und golden durch den Schnee.

Seht, so kamen die Nürnberger Lebkuchen und die Pfeffernüsse in die Welt und in jedes Weihnachtshaus. – Das Märchen ist aus.

Rund um den Weihnachtsbaum

RICHARD HUGHES
Der Weihnachtsbaum

Es war Heiligabend, und der Weihnachtsbaum stand fertig geschmückt für die Feiertage da. Aber kaum waren alle zu Bett gegangen, als die Spielsachen, die am Baum hingen, miteinander zu reden und zu tuscheln begannen.

»Es wäre doch ein rechter Spaß«, sagten sie, »wenn wir alle heruntersteigen und uns verstecken würden.«

Sie kletterten also alle vom Baum herunter und ließen ihn ganz kahl zurück und versteckten sich – einige hinter den Schränken, und einige hinter den Heizröhren, und einige hinter den Büchern auf den Regalen im Wohnzimmer und wo es ihnen sonst noch einfiel. Am ersten Feiertag kamen die Kinder herunter und wünschten einander fröhliche Weihnachten: aber als sie ihren entzückenden Baum ganz kahl dastehen sahen mit nicht einmal einem einzigen Knallbonbon mehr daran, da weinten und weinten sie heiße Tränen.

Als sie die Kinder weinen hörten, schämten sich die Spielsachen gehörig wegen des unartigen Streichs, den sie ihnen gespielt hatten: trotzdem aber mochten sie nicht recht aus ihren Verstecken hervorkommen, während jemand herumstand. Sie warteten also, bis alle in die Kirche gegangen waren, und dann schlüpften sie hervor.

»Ich weiß!« sagte die Arche Noah und sprach mit all ihren Stimmen zugleich, »ich hab' eine Idee!«

Sie führte also die andern Spielsachen zum Haus hinaus und in die Stadt, und da trennten sie sich und suchten sich ihren Weg durch die Hintertür in jeden Spielzeugladen und in jeden Süßigkeitsladen. Einmal drinnen, luden sie alle Spielsachen und alle Süßigkeiten zu einer großen Gesellschaft ein, die sie gäben, und führten sie zurück zum Haus. »Hier ist es, wo wir unsere Gesellschaft geben«, sagten sie und zeigten auf den Weihnachtsbaum. So kletterten denn alle die neuen Spielsachen zu den Zweigen des Baums hinauf und hingen sich dran. Es war wahrhaftig kaum genug Platz für sie alle, denn es waren nun zehnmal soviel da als vorher.

Die ganze Zeit in der Kirche hatten die Kinder still hinter ihren Gesangbüchern in sich hinein geweint und waren noch immer ziemlich traurig, als sie nach Haus kamen; aber als sie ihren Weihnachtsbaum erblickten mit zehnmal soviel Geschenken daran, als vorher dagewesen waren, und mit zehnmal soviel Kerzen, die einander lieblich anstrahlten, da lachten sie und klatschten in die Hände und jauchzten vor Freude und sagten, in ihrem ganzen Leben hätten sie noch niemals einen so bezaubernden Weihnachtsbaum gesehen!

HANS CHRISTIAN ANDERSEN

Der Tannenbaum

Draußen im Walde stand so ein niedlicher, kleiner Tannenbaum; er hatte einen guten Platz, Sonne konnte er bekommen, Luft war genug da, und ringsumher wuchsen viele größere Kameraden, Tannen und auch Fichten; aber der kleine Tannenbaum war nur darauf erpicht zu wachsen; er dachte nicht an die warme Sonne und an die frische Luft, er machte sich nichts aus den Bauernkindern, die um ihn herumliefen und plauderten, wenn sie da draußen waren, um Erdbeeren oder Himbeeren zu sammeln; oft kamen sie mit einem ganzen Topf voll, oder sie hatten Erdbeeren auf einem Strohhalm gereiht, und dann setzten sie sich neben den kleinen Baum und sagten: »Nein, wie reizend klein der ist!« Das mochte der Baum gar nicht hören.

Im nächsten Jahr war er ein ganzes Ende größer, und im Jahr darauf war er noch viel größer, denn bei einem Tannenbaum kann man immer an den vielen Ansätzen, die er hat, sehen, wieviel Jahre er gewachsen ist.

»Ach, wäre ich doch solch großer Baum wie die andern!« seufzte der kleine Baum, »dann könnte ich meine Zweige weit um mich ausbreiten und mit der Spitze in die weite Welt hinaussehen! Die Vögel würden Nester zwischen meinen Zweigen bauen, und wenn es wehte, könnte ich so vornehm nicken, geradeso wie die andern da!«

Er hatte gar keine Freude an dem Sonnenschein, an den Vögeln oder an den roten Wolken, die des Morgens und des Abends über ihn hinsegelten.

Wenn es Winter war und der Schnee ringsumher schimmernd weiß lag, dann kam oft ein Hase gesprungen und setzte gerade über den kleinen Baum hinweg – oh, das war so ärgerlich! – Aber zwei Winter vergingen, und im dritten war der Baum so groß, daß der Hase um ihn herumlaufen mußte. »Ach, wachsen, wachsen, groß und alt werden, das ist doch das einzig Schöne in dieser Welt«, dachte der Baum.

Im Herbst kamen immer Holzhauer und fällten einige von den größten Bäumen, das geschah jedes Jahr, und der junge Tannenbaum, der jetzt schon ganz hübsch groß war, erschauerte, denn die großen, prächtigen Bäume fielen mit einem Krachen und Knacken zu Boden; ihre Zweige wurden abgehauen, sie sahen ganz nackt, lang und schmal aus; sie waren beinahe nicht wiederzuerkennen, aber dann wurden sie auf Wagen geladen, und Pferde zogen sie fort, aus dem Wald hinaus.

Wo sollten sie hin? Was stand ihnen bevor?

Im Frühling, als die Schwalbe und der Storch kamen, fragte der Baum sie. »Wißt ihr, wo sie hingebracht worden sind? Seid ihr ihnen begegnet?«

Die Schwalbe wußte nichts, aber der Storch sah nachdenklich aus, nickte mit dem Kopf und sagte: »Ja, ich glaube, ich weiß es! Ich begegnete vielen neuen Schiffen, als ich von Ägypten geflogen kam; auf den Schiffen waren prächtige Mastbäume; ich möchte sagen, daß sie es waren, sie rochen nach Tannen; ich kann vielmals grüßen, sie ragen so stolz, so stolz empor!«

»Ach, wäre ich doch auch groß genug, um über das Meer hinzufliegen! Wie ist es eigentlich, dies Meer, und wie sieht es aus?«

»Ja, das ist so umständlich zu erklären«, sagte der Storch, und dann ging er fort.

»Freue du dich deiner Jugend!« sagten die Sonnenstrahlen; »freue dich auch deines frischen Wachstums, des jungen Lebens, das in dir ist!«

Und der Wind küßte den Baum und der Tau weinte Tränen über ihn, aber das verstand der Tannenbaum nicht.

Wenn die Weihnachtszeit herankam, wurden ganz junge Bäume gefällt, Bäume, die oft nicht einmal so groß oder so alt waren wie dieser Tannenbaum, der weder Rast noch Ruhe hatte, sondern immer von dannen wollte; diese jungen Bäume – und es waren gerade die allerschönsten – behielten immer ihre Zweige, sie wurden auf Wagen gelegt, und Pferde zogen sie von dannen, aus dem Walde hinaus.

»Wo sollen sie hin?« fragte der Tannenbaum. »Sie sind nicht größer als ich, da war sogar einer, der noch viel kleiner war; warum haben sie alle ihre Zweige behalten? Wo fahren sie hin?«

»Das wissen wir! Das wissen wir!« zwitscherten die Spatzen. »Wir haben unten in der Stadt in die Fenster hineingeguckt! Wir wissen, wo sie hinfahren! Oh, sie gelangen zur größten Pracht und Herrlichkeit, die man sich nur denken kann! Wir haben in die Fenster hineingeguckt und gesehen, wie sie mitten in die warme Stube gepflanzt und mit den schönsten Sachen geschmückt wurden, mit vergoldeten Äpfeln und Honigkuchen, mit Spielzeug und mit vielen Hunderten von Lichtern!«

»Und dann –?« fragte der Tannenbaum und zitterte an allen Zweigen. »Und dann? Was geschieht dann?«

»Ja, mehr haben wir nicht gesehen! Das war wunderbar!«

»Ob ich wohl erschaffen bin, um diesen strahlenden Weg zu gehen?« jubelte der Baum. »Das ist noch besser, als über das Meer zu fahren! Wie mich die Sehnsucht quält! Wäre es doch erst Weihnachten! Jetzt bin ich groß und breit wie die andern, die im vorigen Jahr weggeführt wurden! – Ach, wäre ich doch erst auf dem Wagen! Wäre ich doch in der warmen Stube mit all der Pracht und Herrlichkeit! Und dann –? Ja, dann kommt noch etwas viel Besseres, viel Schöneres, warum sollten sie mich sonst wohl so schmücken! Da muß noch etwas viel Größeres, viel Herrlicheres kommen –! Aber was? Oh, ich leide, ich sehne mich! Ich weiß selbst nicht, wie mir zumute ist!«

»Freue dich über mich!« sagte die Luft, sagte der Sonnenschein; »freue dich deiner frischen Jugend da draußen im Freien.«

Aber er freute sich gar nicht; er wuchs und wuchs, im Winter und im Sommer stand er grün da; dunkelgrün stand er da; Leute, die ihn sahen, sagten: »Das ist ein wunderhübscher Baum«; und zur Weihnachtszeit wurde er vor allen zuerst gefällt. Die Axt hieb tief durch das Mark, der Baum fiel mit einem Seufzer an die Erde, er empfand einen Schmerz, eine Ohnmacht, er konnte gar nicht an sein Glück denken, er war betrübt, von der Heimat scheiden zu müssen, von dem Fleck, wo er emporgesprossen war; er wußte ja, daß er niemals die lieben alten Kameraden, die kleinen Büsche und Blumen ringsumher, ja, vielleicht nicht einmal die Vögel wiedersehen würde. Die Abreise war gar nicht angenehm.

Der Baum kam erst wieder zu sich, als er im Hofe mit den andern Bäumen abgeladen worden war und einen Mann sagen hörte: »Der ist wunderhübsch! Wir brauchen nur den allein!«

Dann kamen zwei Diener in vollem Staat und trugen den Tannenbaum in einen großen, schönen Saal. Ringsumher an den Wänden hingen Ölgemälde, und neben dem großen Kachelofen standen chinesische Vasen mit Löwen auf den Deckeln; da gab es Schaukelstühle, seidene Sofas, große Tische, voll von Bilderbüchern und Spielzeug für hundertmal hundert Taler – wenigstens sagten die Kinder das. Und der Tannenbaum wurde in ein großes, mit Sand gefülltes Faß gestellt, aber niemand konnte sehen, daß es ein Faß war, denn es wurde grüner Stoff ringsherum gehängt, und es stand auf einem großen, bunten Teppich. Oh, wie der Baum bebte! Was wird wohl nun geschehen? Diener, wie auch junge Damen gingen umher und schmückten ihn. An die Zweige hängten sie kleine, aus buntem Papier ausgeschnittene Netze; jedes Netz war mit Zuckerwerk gefüllt; vergoldete Äpfel und Walnüsse hingen dazwischen, als seien sie festgewachsen, und über hundert rote, blaue und weiße kleine Kerzen wurden an den Zweigen befestigt. Puppen, die leibhaftig wie Menschen aussahen – der Baum hatte noch niemals solche gesehen –, schwebten in dem Grün, und ganz oben auf die Spitze wurde ein großer Stern aus Flittergold gesteckt, das war prachtvoll, ganz wunderbar prachtvoll.

»Heute abend«, sagten sie alle zusammen, »heute abend soll er strahlen!«

»Ach«, dachte der Baum, »wäre es doch erst Abend! Wären doch die Lichter nur erst angezündet! Und was dann wohl geschieht? Ob wohl Bäume aus dem Walde kommen, um mich zu besehen? Ob die Spatzen an die Fensterscheiben fliegen? Ob ich hier festwachse und Winter und Sommer geschmückt dastehen soll?«

Ja, er wußte gut Bescheid; aber er hatte förmlich Rindenweh vor lauter Sehnsucht, und Rindenweh ist für einen Baum ebenso schlimm wie Kopfschmerzen für uns andere.

Nun wurden die Lichter angezündet. Welch ein Glanz, welch eine Pracht! Der Baum erbebte dabei an allen Zweigen, so daß eins der Lichter das Grün anzündete; es brannte ordentlich.

»Gott bewahre uns!« schrien die jungen Damen und löschten es schnell aus.

Jetzt wagte der Baum nicht einmal zu beben! Oh, war das ein Graus! Er war so bange, etwas von seinem Schmuck zu verlieren, er war ganz verwirrt von all dem Glanz – – und nun gingen beide Flügeltüren auf, und eine Menge Kinder stürzten herein, als wollten sie den ganzen Baum umreißen; die älteren Leute kamen bedächtig hinterdrein; die Kleinen standen ganz stumm da – aber nur einen Augenblick, dann jubelten sie wieder, daß es nur so schallte; sie tanzten rund um den Baum herum, und ein Geschenk nach dem andern wurde abgepflückt.

»Was machen sie nur?« dachte der Baum. »Was wird jetzt noch geschehen?« Und die Lichter brannten bis auf die Zweige herunter, und sobald eins niedergebrannt war, wurde es ausgelöscht, und dann bekamen die Kinder Erlaubnis, den Baum zu plündern. Oh, sie stürzten auf ihn ein, so daß er in allen Zweigen krachte; wäre er nicht mit der Spitze und mit dem goldenen Stern an die Decke festgebunden gewesen, so wäre er umgestürzt.

Die Kinder tanzten mit ihrem herrlichen Spielzeug herum, niemand sah den Baum an außer dem alten Kindermädchen, das umherging und zwischen die Zweige guckte, aber das tat sie nur, um zu sehen, ob da nicht noch eine Feige oder ein Apfel vergessen war.

»Eine Geschichte! Eine Geschichte!« riefen die Kinder und zogen einen kleinen dicken Mann nach dem Baum hin, und der setzte sich gerade unter ihn, »denn dann sind wir im Grünen«, sagte er, »und dem Baum kann es ganz besonders gut tun, mit zuzuhören; aber ich erzähle nur eine Geschichte. Wollt ihr die von Ivede-Avede hören oder die von Klumpe-Dumpe, der die Treppe hinunterfiel und doch auf den Ehrenplatz kam und die Prinzessin kriegte?«

»Ivede-Avede!« schrien einige, »Klumpe-Dumpe!« schrien andere; da gab es ein Rufen und Schreien, nur der Tannenbaum schwieg ganz still und dachte: »Soll ich gar nicht mit dabei sein, soll ich gar nichts dabei zu tun haben!« Er war ja mit dabei gewesen, hatte getan, was er tun sollte.

Und der Mann erzählte von Klumpe-Dumpe, der die Treppe hinunterfiel und doch auf den Ehrenplatz kam und die Prinzessin kriegte. Und die Kinder klatschten in die Hände und riefen: »Erzähle! Erzähle!« Sie wollten auch »Ivede-Avede« hören, aber sie bekamen nur die Geschichte von »Klumpe-Dumpe« erzählt. Der Tannenbaum stand ganz still und nachdenklich da, nie hatten die Vögel draußen im Walde so etwas erzählt. »Klumpe-Dumpe fiel die Treppe hinab und kriegte doch die Prinzessin! Ja, ja, so geht es zu in der Welt!« dachte der Tannenbaum und glaubte, daß es wirklich wahr sei, weil es ein so netter Mann war, der es erzählte. »Ja, ja, wer kann es wissen! Vielleicht falle ich auch die Treppe hinunter und kriege eine Prinzessin!« Und er freute sich darauf, am nächsten Tag wieder mit Lichtern und Spielzeug und Gold und Früchten aufgeputzt zu werden.

»Morgen will ich nicht zittern!« dachte er. »Ich will mich so recht all meiner Herrlichkeit freuen. Morgen werde ich wieder die Geschichte von ›Klumpe-Dumpe‹ hören und vielleicht auch die von ›Ivede-Avede‹.« Und der Baum stand die ganze Nacht still und gedankenvoll da. Am Morgen kamen der Diener und das Mädchen herein.

»Nun beginnt die Pracht von neuem!« dachte der

Baum, aber sie schleppten ihn aus der Stube hinaus, die Treppe hinauf auf den Boden, und da, in einer dunklen Ecke, wo kein Tag hineinschien, stellten sie ihn hin. »Was soll das bedeuten?« dachte der Baum. »Was soll ich hier wohl machen? Was werde ich hier wohl zu hören bekommen?« Und er lehnte sich an die Wand und dachte und dachte. – Und Zeit genug hatte er, denn es vergingen Tage und Nächte; niemand kam hinauf, und als endlich jemand kam, da geschah es nur, um ein paar große Kisten in die Ecke zu stellen; der Baum stand ganz versteckt, man sollte glauben, daß er ganz und gar vergessen war.

»Jetzt ist es Winter da draußen!« dachte der Baum. »Die Erde ist hart und mit Schnee bedeckt, die Menschen könnten mich nicht einpflanzen; darum muß ich hier noch bis zum Frühling im Schutz stehen! Wie wohl bedacht das ist! Wie gut doch die Menschen sind!«

»Wäre es hier nur nicht so dunkel und so schrecklich einsam! – Nicht einmal ein kleiner Hase! – Das war doch so vergnüglich da draußen im Walde, wenn Schnee lag und der Hase vorübersprang; ja, selbst als er über mich hinwegsprang, aber das mochte ich damals gar nicht. Hier oben ist es doch schrecklich einsam!«

»Piep, piep!« sagte im selben Augenblick eine kleine Maus und schlüpfte hervor, und dann kam noch eine kleine dazu.

Sie beschnupperten den Tannenbaum und huschten in seinen Zweigen herum.

»Es ist eine gräuliche Kälte!« sagten die kleinen Mäuse. »Sonst ist es hier ja herrlich! Nicht wahr, du alter Tannenbaum?«

»Ich bin gar nicht alt!« sagte der Tannenbaum, »es gibt viele, die viel älter sind als ich!«

»Wo kommst du her?« fragten die Mäuse, »und was weißt du?« Die waren nun einmal so schrecklich neugierig. »Erzähle uns doch von dem schönsten Ort auf der Welt! Bist du dort gewesen? Bist du in der Speisekammer gewesen, wo Käse auf den Borden liegen und Schinken unter der Decke hängen, wo man auf Talglichten tanzt und mager hineingeht und fett herauskommt?«

»Den Ort kenne ich nicht«, sagte der Baum, »aber den Wald kenne ich, wo die Sonne scheint und wo die Vögel singen!« und dann erzählte er alles aus seiner Jugend, und die kleinen Mäuse hatten noch nie so was gehört und sie hörten aufmerksam zu und sagten: »Nein, wieviel du gesehen hast! Wie glücklich du gewesen bist!«

»Ich!« sagte der Tannenbaum und dachte über das nach, was er selbst erzählte; »ja, es waren im Grunde ganz vergnügliche Zeiten!« – Aber dann erzählte er von dem Weihnachtsabend, wo er mit Kuchen und Lichtern geschmückt war.

»Ach!« sagten die kleinen Mäuse, »wie glücklich du gewesen bist, du alter Tannenbaum!«

»Ich bin gar nicht alt!« sagte der Tannenbaum, »ich bin ja erst diesen Winter aus dem Walde gekommen! Ich bin in meinem allerbesten Alter, ich bin nur im Wachstum zurückgeblieben!«

»Wie schön du erzählen kannst!« sagten die kleinen Mäuse, und in der nächsten Nacht kamen sie mit vier andern kleinen Mäusen, die den Baum erzählen hören sollten, und je mehr er erzählte, desto deutlicher erinnerte er sich all seiner Erlebnisse und meinte: »Es waren doch ganz vergnügliche Zeiten! Aber es kann noch kommen, es kann noch kommen! Klumpe-Dumpe fiel die Treppe hinunter und kriegte doch die Prinzessin, vielleicht kriege ich auch eine Prinzessin«, und dabei dachte der Tannenbaum an eine kleine niedliche Birke, die da draußen im Walde wuchs, das war für den Tannenbaum eine wirkliche, schöne Prinzessin.

»Wer ist Klumpe-Dumpe?« fragten die kleinen Mäuse. Und dann erzählte der Tannenbaum das ganze Märchen, er konnte sich jedes einzelnen Wortes entsinnen; und die kleinen Mäuse waren nahe daran, vor lauter Freude bis an die Spitze des Baumes zu springen. In der nächsten Nacht kamen noch viel mehr Mäuse, und am Sonntag kamen sogar zwei Ratten; aber die meinten, die Geschichte wäre nicht amüsant; und das betrübte die kleinen Mäuse, denn jetzt gefiel sie ihnen auch lange nicht mehr so gut.

»Wissen Sie nur die eine Geschichte?« fragten die Ratten.

»Nur die eine!« antwortete der Baum. »Die hörte ich an meinem glücklichsten Abend, aber damals dachte ich nicht daran, wie glücklich ich war!«

»Das ist eine außerordentlich mäßige Geschichte! Wissen Sie keine von Speck oder Talglichten? Keine Speisekammergeschichte?«

»Nein!« sagte der Baum.

»Ja, dann bedanken wir uns vielmals!« sagten die Ratten und gingen wieder dahin, woher sie gekommen waren.

Die kleinen Mäuse blieben schließlich auch weg, und da seufzte der Baum: »Es war doch ganz nett, als sie um mich herumsaßen, die muntern kleinen Mäuse, und zuhörten, wenn ich erzählte! Nun ist auch das vorbei! – Aber ich werde daran denken, mich zu freuen, wenn ich nun wieder hervorgeholt werde!«

Aber wann geschah das? – Ja, in einer Morgenstunde kamen Leute und kramten auf dem Boden herum. Kisten wurden weggesetzt, der Baum wurde hervorgezogen; sie warfen ihn freilich ein wenig hart auf den Fußboden, aber gleich darauf schleppte ihn ein Diener nach der Treppe hin, wo der Tag hereinschien.

»Jetzt fängt das Leben wieder an«, dachte der Baum;

er fühlte die frische Luft, den ersten Sonnenstrahl – und nun war er draußen auf dem Hof. Alles ging so geschwind, der Baum vergaß ganz, sich selbst zu betrachten, ringsumher war so vieles zu sehen. Der Hof stieß an einen Garten, und darin blühte alles; die Rosen hingen so frisch und duftend über das kleine Gitter herüber, die Lindenbäume blühten, und die Schwalben flogen umher und sagten: »Quivi-wiewie-vit, mein Mann ist gekommen!« Aber den Tannenbaum meinten sie nicht.

»Jetzt will ich leben!« jubelte er und breitete seine Zweige weit aus; ach, sie waren alle vertrocknet und gelb; und er lag in der Ecke zwischen Unkraut und Nesseln. Der Stern aus Goldpapier saß noch oben an der Spitze und glitzerte im hellen Sonnenschein.

Auf dem Hofe spielten ein paar von den lustigen Kindern, die zur Weihnachtszeit um den Baum herumgetanzt und sich so über ihn gefreut hatten. Eins von den kleinsten lief hin und riß den goldenen Stern ab.

»Seht, was da noch an dem ekligen alten Tannenbaum sitzt!« sagte der Junge und trampelte auf den Zweigen herum, so daß sie unter seinen Stiefeln krachten.

Und der Baum sah hinüber zu all der Blumenpracht und Frische im Garten, er sah sich selbst an und wünschte, daß er in seinem dunklen Winkel oben auf dem Boden geblieben wäre; er dachte an seine frische Jugend im Walde, an den lustigen Weihnachtsabend und an die kleinen Mäuse, die so vergnügt die Geschichte von Klumpe-Dumpe angehört hatten.

»Vorbei, vorbei!« sagte der arme Baum. »Hätte ich mich doch gefreut, als ich es noch konnte. Vorbei! Vorbei!«

Und der Knecht kam und hieb den Baum in kleine Stücke, ein ganzes Bündel lag da; herrlich flammte es auf unter dem großen Braukessel; und er seufzte so tief, jeder Seufzer war wie ein kleiner Schuß; deshalb liefen die Kinder, die da draußen spielten, herzu und setzten sich vor das Feuer, sahen in die Flammen und riefen: »Piff! Paff!« Aber bei jedem Knall, der ein tiefer Seufzer war, dachte der Baum an einen Sommertag im Walde, an eine Winternacht da draußen, wenn die Sterne glitzerten; er dachte an den Weihnachtsabend und an Klumpe-Dumpe, das einzige Märchen, das er gehört hatte und erzählen konnte – und dann war der Baum verbrannt.

Die Knaben spielten auf dem Hofe, und der kleinste hatte den goldenen Stern an der Brust, den der Baum an seinem glücklichsten Abend getragen hatte; das war jetzt vorbei, und mit dem Baum war es vorbei und mit der Geschichte auch; vorbei, vorbei, und so geht es mit allen Geschichten!

ELSÄSSISCHES MÄRCHEN

Die Tannen der heiligen Aurelia

Am Heiligen Abend ging ein armes Kind von Tür zu Tür, klopfte an und sagte: »Wollt Ihr meine zwei Tannen kaufen? Ihr könnt goldene Kugeln und Papiersterne daranhängen, und die Kinder werden ihre Freude daran haben.« Aber in jedem Haus hieß es: »Du kommst zu spät, Kleiner, die Weihnachtsbäume sind schon längst gekauft. Komm nächstes Jahr wieder.«

Das Kind war verzweifelt, denn es gab kein Brot daheim. Nach vielen Bitten und ebenso vielen ausweichenden oder harten Antworten kam es zum Haus von Eidel, dem Gärtner. Hat man schon jemals gesehen, daß man demjenigen Tannen zu verkaufen versucht, dessen Aufgabe es ist, sie anzupflanzen?

Das arme unschuldige Kind klopfte, und Eidel rief: »Wer klopft zu dieser Stunde?« Das Kind wagte nicht zu antworten. »Wer klopft an meine Tür, wo ich meine Ruhe haben will?« sagte Eidel, und seine Stiefel knallten auf dem Boden. Er öffnete die Türe, und der bescheidene Bittsteller sah einen riesigen glänzenden Baum, der mit Reichtümern überladen war und sein Licht bis auf die Straße warf. Drei Kinder saßen um ein Feuer herum und betrachteten die Weihnachtsente, die da in ihrem Safte schwamm.

»Was willst du, Kleiner, du bist wohl ein Grünschnabel mit deinen zwei verkümmerten Tännchen.«

Das Kind wurde traurig und schwieg, denn seine letzte Hoffnung war dahingeschwunden.

»Die Kälte kommt herein«, sagte der Gärtner, »sag, was du zu sagen hast, oder ich schlage dir die Tür vor der Nase zu.« Er hatte einen schroffen Ton, war aber eigentlich ein guter Mann. Er betrachtete den Kleinen im Alter seiner Kinder, der da mit nackten Füßen im Schnee stand und nicht wagte, aufzuschauen, und er dachte daran, daß vielleicht die Seinen nach seinem Tode des Abends im Schnee stehen und bei anderen betteln müßten. Mit leiser Stimme sagte er: »Was willst du? Ich gebe dir, was ich kann.«

»Ich will meine zwei Weihnachtsbäume verkaufen, aber der Eure ist ja viel schöner.«

»Macht nichts«, sagte Eidel, »gib sie mir.« Er holte ein Goldstück aus seiner Schublade, und der arme Kleine traute seinen Augen kaum und glaubte, er wolle sich über ihn lustig machen. Die Kinder gaben ihm ein Stück von der Ente ab, die Mutter reichte ihm eine Schüssel mit heißer Suppe, und selbst der Hund war freundlich und leckte ihm die vor Kälte geröteten Hände. Da freute sich das Kind, dankte und kehrte frohgemut heim.

Eidel warf die zwei Tannen in eine Ecke und setzte sich zu Tisch. Das Essen war vortrefflich, die Ente zart und der Wein kühl. Dann gingen sie zu Bett.

Am anderen Morgen, am Weihnachtstag, kehrte Frau Eidel das Haus und stellte die zwei Tannen auf die Straße. Die Kinder, die im Schnee spielten, während sie auf den Kirchgang warteten, nahmen die zwei Stämmchen, ahmten ihren Vater nach und pflanzten sie hinter die Kirche. Die Glocken läuteten. Die Leute nahmen in der Kirche Platz. Eidel saß in seinem schönen Mantel in der vordersten Reihe und dankte Gott für seine Familie.

Als die Messe gelesen war und die Kirche sich leerte, schrien die Leute auf dem Vorplatz verwundert auf. Zwei Tannen reckten sich so hoch wie der Kirchturm in die Wolken. Eine Taube erhob sich aus einem Kirchenfenster, flog auf jede Tanne und schlug dreimal mit den Flügeln, dann kehrte sie in ihr Kirchenfenster zurück.

ALFRED POLGAR

Bescherung

In der Woche vor Weihnachten kam der alte Mann auf die Idee, durch Verkauf von Christbäumen etwas Geld zu verdienen. Er ging weit hinaus in den winterlichen Wald und kehrte mit einem Bündel von Nadelbäumen auf dem Rücken in sein Asyl zurück, einen Schuppen, wo die Straßenarbeiter ihr Werkzeug aufzubewahren pflegen. Ein Recht, dort zu nächtigen, hatte der Mann nicht, er hatte auch gewiß kein Recht, Bäume aus dem Wald fortzutragen. Doch machte er sich darüber wenig Gedanken. Er war ein ehrlicher Mensch, und eben um das zu bleiben, mußte er für sich den Begriff des moralisch Zulässigen etwas weitherziger auslegen. Seine Not sagte nicht, sie kenne kein Gebot; aber sie war aus taktischen Gründen gezwungen, die Bekanntschaft hie und da zu verleugnen. Der alte Mann hatte nichts, nicht Besitz noch Arbeit, noch irgendwen, der den Mittler hätte machen wollen zwischen ihm und der Welt, damit er diese nicht als völlig sinnlose Zumutung empfände und ablehnte. Zuweilen, das kam vor, fragte er sich deshalb, wozu er denn eigentlich lebe, und fand keine andere Antwort als diese: dazu, um mir den Kopf zu zerbrechen, wovon ich leben soll. Immerhin ist auch solches Kopfzerbrechen eine Art von Tätigkeit und Beschäftigung – und solange der Mensch derlei hat, hat er etwas, das ihn ans Dasein bindet. Man weiß gar nicht, wie sehr manchen nur die Schwierigkeit, zu leben, noch am Leben hält. Der Mann bot also seine Tannenbäume in der Stadt zum Verkauf an. Auch dazu hatte er natürlich kein Recht. Und damit Konkurrenz und Polizei ihm nicht in den Handel pfuschten, wählte er als Standort eine entlegene Straße im entlegenen Bezirk. Dort wohnten freilich nur ganz arme Leute, aber nur für solche auch hätten die Christbäume des guten Alten getaugt, denn es waren klägliche Bäume in zerschlissenem Nadelkleid, unterernährt, dünn, rachitisch wie die Kinder, für deren Weihnachtstisch allein derlei Tannen-Ausschuß in Betracht kommen konnte. Nur ein einziges Stück war darunter, das hatte Kraft und Haltung. Für dieses zimmerte der Mann auch ein hölzernes Bodenkreuz. Und damit der Sturm dem Prachtstück nichts anhaben könne, nagelte er das Holzkreuz fest an den Boden, steifte der Tanne noch durch technische Maßnahmen das Rückgrat. Sie sah jetzt wirklich nach einem richtigen Christbaum aus. Und solchen Eindruck verstärkte der Mann noch dadurch, daß er abends eine kleine Laterne mit rotem Schutzglas an die Spitze des Stammes hängte. Sie war dem Werkzeugschuppen der Straßenarbeiter entlehnt und diente sonst zur Nachtzeit als Warnung vor Löchern im aufgerissenen Pflaster.

Der Mann hatte seine Freude an dem Baum und die Vorübergehenden vielleicht auch.

Aber niemand kaufte das preiswerte Stück, und niemand kaufte eins von den anderen Bäumchen. Es war sechs Uhr abends, am 24. Dezember, und fünfzehn Grad Celsius unter Null. Durch die entlegene Straße im entlegenen Bezirk ging niemand mehr als der eisige Wind, der das Laternchen schaukeln machte, was so aussah, als gäbe der Baum, wie das die Männer von der Eisenbahn tun, irgendwem irgendwohin Signal. Doch niemand beachtete es. Aus Fenstern da und dort schimmerte Kerzenlicht, überall schon war das himmlische Kind geboren worden und die diesjährige Konjunktur der Christbäume also endgültig vorüber.

Der alte Mann dachte wiederum einmal darüber nach, wozu er lebe, und gab sich wiederum die gewohnte Antwort. Aber war es Kummer über die Entwertung seiner Ware auf Null, war es eine durch Kälte, Hunger und Einsamkeit gesteigerte Oppositionslust, kurz, diesmal genügte dem Frager die bewährte Antwort nicht. Er geriet vielmehr in ausgesprochen lebensfeindliche Stimmung. Es kränkte ihn über die Maßen, daß sein stattlicher, mit so viel Müh beschaffter und betreuter Baum weihnachtlich ungenutzt bleiben sollte. Mitleid überwältigte sein Herz, Mitleid sowohl mit sich selbst wie auch mit dem Baum, der doch wirklich allen Anspruch darauf hatte, Lichter zu tragen und mit schmückendem Zeug behängt zu werden.

Und wie der Mann grübelte, was er vielleicht doch noch für sich und für den Baum tun könne, fand er eine Lösung. Er hängte seine Kleiderlumpen an die Äste, legte sich auf die steif gefrorene Erde und überließ das weitere den fünfzehn Graden unter Null.

Der Polizist, der den Tannenbaum mit dem wunderlichen Aufputz und darunter das schon aus seinen Hüllen genommene Weihnachtsgeschenk als erster sah und entsprechend amtshandeln mußte – obwohl er gerne schon wieder in der Wachstube gesessen wäre, wo auch ein Christbäumchen stand, zwischen Gummiknüppeln, Rosinenstollen, Notizbüchern, Punsch und Handfesseln –, brummte: »Schöne Bescherung!«

Er meinte das aber nicht im rechten festtäglichen Sinn.

Vom Schenken und Beschenktwerden

O'HENRY

Das Geschenk der Weisen

Ein Dollar und siebenundachtzig Cent. Das war alles. Und sechzig Cent davon in Pennies. Stück für Stück ersparte Pennies, wenn man hin und wieder den Kaufmann, Gemüsemann oder Fleischer beschwatzt hatte, bis einem die Wangen brannten im stillen Vorwurf der Knauserei, die solch ein Herumfeilschen mit sich brachte. Dreimal zählte Della nach. Ein Dollar und siebenundachtzig Cent. Und morgen war Weihnachten.

Da blieb einem nichts anderes, als sich auf die schäbige kleine Chaise zu werfen und zu heulen. Das tat Della. Was zu der moralischen Betrachtung reizt, das Leben bestehe aus Schluchzen, Schniefen und Lächeln, vor allem aus Schniefen.

Während die Dame des Hauses allmählich von dem ersten Zustand in den zweiten übergeht, werfen wir einmal einen Blick auf das Heim. Eine möblierte Wohnung für acht Dollar die Woche. Sie war nicht gerade bettelhaft zu nennen; höchstens für jene Polizisten, die speziell auf Bettler gehetzt wurden.

Unten im Hausflur war ein Briefkasten, in den nie ein Brief fiel, und ein Klingelknopf, dem keines Sterblichen Finger je ein Klingelzeichen entlocken konnte. Dazu gehörte auch eine Karte, die den Namen »Mr. James Dillingham jr.« trug. Das »Dillingham« war in einer früheren Zeit der Wohlhabenheit, als der Eigentümer dreißig Dollar die Woche verdiente, hingepfeffert worden. Jetzt, da das Einkommen auf zwanzig Dollar zusammengeschrumpft war, wirkten die Buchstaben des »Dillingham« verschwommen, als trügen sie sich allen Ernstes mit dem Gedanken, sich zu einem bescheidenen und anspruchslosen D zusammenzuziehen. Aber wenn Mr. James Dillingham jr. nach Hause und oben in seine Wohnung kam, wurde er »Jim« gerufen und von Mrs. James Dillingham jr., die bereits als Della vorgestellt wurde, herzlich umarmt. Was alles sehr schön ist.

Della hörte auf zu weinen und fuhr mit der Puderquaste über ihre Wangen. Sie stand am Fenster und blickte trübselig hinaus auf eine graue Katze, die auf einem grauen Zaun in einem grauen Hinterhof spazierte. Morgen war Weihnachten, und sie hatte nur einen Dollar siebenundachtzig, um für Jim ein Geschenk zu kaufen. Monatelang hatte sie jeden Penny gespart, wo sie nur konnte, und dies war das Resultat. Zwanzig Dollar die Woche reichen nicht weit. Die Ausgaben waren größer gewesen, als sie gerechnet hatte. Das ist immer so. Nur einen Dollar siebenundachtzig, um für Jim ein Geschenk zu kaufen. Für ihren Jim. So manche glückliche Stunde hatte sie damit verbracht, sich etwas Hübsches für ihn auszudenken. Etwas Schönes, Seltenes, Gediegenes – etwas, was annähernd der Ehre würdig war, Jim zu gehören. Zwischen den Fenstern stand ein Trumeau. Vielleicht haben Sie schon einmal einen Trumeau in einer möblierten Wohnung zu acht Dollar gesehen. Ein sehr dünner und beweglicher Mensch kann, indem er sein Spiegelbild in einer raschen Folge von Längsstreifen betrachtet, eine ziemlich genaue Vorstellung von seinem Aussehen erhalten. Della war eine schlanke Person und beherrschte diese Kunst.

Plötzlich wirbelte sie von dem Fenster fort und stand vor dem Spiegel. Ihre Augen glänzten und funkelten, aber ihr Gesicht hatte in zwanzig Sekunden die Farbe verloren. Flink löste sie ihr Haar und ließ es in voller Länge herabfallen.

Zwei Dinge besaßen die James Dillinghams jr., auf die sie beide unheimlich stolz waren. Das eine war Jims goldene Uhr, die seinem Vater und davor seinem Großvater gehört hatte. Das andere war Dellas Haar. Hätte die Königin von Saba in der Wohnung jenseits des Luftschachts gelebt, dann hätte Della eines Tages ihr Haar zum Trocknen aus dem Fenster gehängt, um Ihrer Majestät Juwelen und Vorzüge im Wert herabzusetzen. Wäre König Salomo der Portier gewesen und hätte all seine Schätze im Erdgeschoß aufgehäuft, Jim hätte jedesmal seine Uhr gezückt, wenn er vorbeigegangen wäre, bloß um zu sehen, wie sich der andere vor Neid den Bart raufte.

Jetzt floß also Dellas Haar wellig und glänzend an ihr herab wie ein brauner Wasserfall. Es reichte bis unter die Kniekehlen und umhüllte sie wie ein Gewand. Nervös und hastig steckte sie es wieder auf. Einen Augenblick taumelte sie und stand ganz still, während ein paar Tränen auf den abgetretenen Teppich fielen.

Die alte braune Jacke angezogen, den alten braunen Hut aufgesetzt, und mit wehenden Röcken und immer noch das helle Funkeln in den Augen, schoß sie zur Tür hinaus und lief die Treppe hinab auf die Straße.

Wo sie stehenblieb, lautete das Firmenschild *Mme. Sofronie. Alle Sorten Haarersatz.* Della rannte die Treppe hinauf und versuchte atemschöpfend, sich zu sammeln. Madame, groß, zu weiß und frostig, sah kaum nach »Sofronie« aus.

»Wollen Sie mein Haar kaufen?« fragte Della.

»Ich kaufe Haare«, sagte Madame. »Nehmen Sie den Hut ab, damit wir es einmal ansehen können.«

Der braune Wasserfall stürzte in Wellen herab.

»Zwanzig Dollar«, sagte Madame, mit kundiger Hand die Masse anhebend.

»Geben Sie nur schnell her«, sagte Della.

Oh, und die nächsten beiden Stunden trippelten auf

rosigen Schwingen. Sie durchwühlte die Läden nach dem Geschenk für Jim.

Schließlich fand sie es. Bestimmt war es für Jim und für niemand sonst gemacht. Keins gab es in den Läden, das diesem glich, und sie hatte in allen das Oberste zuunterst gekehrt. Es war eine Uhrkette aus Platin, einfach und edel im Dessin, die ihren Wert auf angemessene Weise durch das Material und nicht durch eine auf den Schein berechnete Verzierung offenbarte – wie es bei allen guten Dingen sein sollte. Sie war sogar *der Uhr* würdig. Kaum hatte sie die Kette erblickt, als sie auch schon wußte, daß sie Jim gehören müsse. Sie war wie er. Überlegene Ruhe und Wert – das paßte auf beide. Einundzwanzig Dollar nahm man ihr dafür ab, und mit den siebenundachtzig Cent eilte sie nach Hause. Mit dieser Kette an der Uhr konnte Jim wirklich in jeder Gesellschaft um die Zeit besorgt sein. So großartig die Uhr war, manchmal blickte er wegen des alten Lederriemchens, das er an Stelle einer Kette benutzte, nur verstohlen nach ihr.

Als Della zu Hause angelangt war, wich ihr Rausch ein wenig der Vorsicht und der Vernunft. Sie holte ihre Brennschere heraus, zündete das Gas an und machte sich ans Werk, die Verheerungen auszubessern, die von Freigebigkeit in Verein mit Liebe angerichtet worden waren. Was stets eine gewaltige Aufgabe ist, liebe Freunde – eine Mammutaufgabe.

Nach vierzig Minuten war ihr Kopf dicht mit kleinen Löckchen bedeckt, mit denen sie wundervoll aussah, wie ein schwänzender Schuljunge. Lange, sorgfältig und kritisch betrachtete sie ihr Spiegelbild.

»Wenn mich Jim nicht umbringt, bevor er mich ein zweites Mal ansieht, wird er sagen, ich sehe aus wie ein Chormädel von Coney Island«, meinte sie bei sich. »Aber was – oh, was hätte ich denn mit einem Dollar siebenundachtzig anfangen sollen?«

Um sieben war der Kaffee gekocht, und die Bratpfanne stand hinten auf der Kochmaschine, heiß und bereit, die Kotelette zu braten. Jim verspätete sich nie. Della ließ die Uhrkette in ihrer Hand verschwinden und setzte sich auf die Tischkante nahe der Tür, durch die er immer eintrat.

Dann hörte sie einen Schritt auf der Treppe, unten, auf den ersten Stufen, und wurde einen Augenblick blaß. Sie hatte sich angewöhnt, wegen der einfachsten Alltäglichkeiten stille kleine Gebete zu murmeln, und jetzt flüsterte sie: »Bitte, lieber Gott, mach, daß er mich noch hübsch findet.«

Die Tür öffnete sich, Jim trat ein. Er sah mager und sehr feierlich aus. Armer Junge, er war erst zweiundzwanzig – und schon mit Familie belastet! Er brauchte einen neuen Mantel und hatte auch keine Handschuhe.

Jim blieb an der Tür stehen, reglos wie ein Vorstehhund, der eine Wachtel ausgemacht hat. Seine Augen waren auf Della geheftet, und ein Ausdruck lag in ihnen, den sie nicht zu deuten vermochte und der sie erschreckte. Es war weder Ärger noch Verwunderung, weder Mißbilligung noch Abneigung noch überhaupt eines der Gefühle, auf die sie sich gefaßt gemacht hatte. Er starrte sie nur unverwandt an mit diesem eigentümlichen Gesichtsausdruck.

Della rutschte langsam vom Tisch und ging zu ihm.

»Jim, Liebster«, rief sie, »sieh mich nicht so an. Ich hab mein Haar abschneiden lassen und verkauft, weil ich Weihnachten ohne ein Geschenk für dich nicht überlebt hätte. Es wird wieder wachsen – du nimmst es nicht tragisch, nicht wahr? Ich mußte es einfach tun. Mein Haar wächst unheimlich schnell. Sag mir fröhliche Weihnachten, Jim, und laß uns glücklich sein. Du ahnst nicht, was für ein hübsches, wunderschönes Geschenk ich für dich bekommen habe.«

»Du hast dein Haar abgeschnitten?« fragte Jim mühsam, als könne er selbst nach schwerster geistiger Arbeit nicht an den Punkt gelangen, diese offenkundige Tatsache zu begreifen.

»Abgeschnitten und verkauft«, sagte Della. »Hast du mich jetzt nicht noch ebenso lieb? Ich bin auch ohne mein Haar noch dieselbe, nicht wahr?«

Jim blickte neugierig im Zimmer umher.

»Du sagst, dein Haar ist weg?« bemerkte er mit nahezu idiotischem Gesichtsausdruck.

»Du brauchst nicht danach zu suchen«, sagte Della. »Ich sag' dir doch, es ist verkauft – verkauft und weg. Heute ist Heiligabend. Sei nett zu mir. Ich hab's ja für dich getan. Vielleicht waren die Haare auf meinem Kopf gezählt«, fuhr sie mit einer jähen, feierlichen Zärtlichkeit fort, »aber nie könnte jemand meine Liebe zu dir zählen. Soll ich die Kotelette aufsetzen, Jim?«

Jim schien im Nu aus seiner Starrheit zu erwachen. Er umarmte seine Della. Wir wollen inzwischen mit diskreten Forscherblicken zehn Sekunden lang eine an sich unwichtige Sache in anderer Richtung betrachten. Acht Dollar die Woche oder eine Million im Jahr – was ist der Unterschied? Ein Mathematiker oder ein Witzbold würden uns eine falsche Antwort geben. Die Weisen brachten wertvolle Geschenke, aber dies war nicht darunter. Diese dunkle Behauptung soll später erläutert werden.

Jim zog ein Päckchen aus der Manteltasche und warf es auf den Tisch.

»Täusch dich nicht über mich, Dell«, sagte er. »Du darfst nicht glauben, daß so etwas wie Haar schneiden oder stutzen oder waschen mich dahin bringen könnte, mein Mädchen weniger liebzuhaben. Aber wenn du das Päckchen auspackst, wirst du sehen, warum du mich zuerst eine Weile aus der Fassung gebracht hast.«

Weiße Finger rissen hurtig an der Strippe und am Papier. Ein verzückter Freudenschrei, und dann – ach!

Tränen und Klagen, die dem Herrn des Hauses den umgehenden Einsatz aller Trostmöglichkeiten abforderten. Denn da lagen *die Kämme* – die Garnitur Kämme, die Della seit langem in einem Broadway-Schaufenster angeschmachtet hatte. Wunderschöne Kämme, echt Schildpatt mit juwelenverzierten Rändern – gerade in der Schattierung, die zu dem schönen, verschwundenen Haar gepaßt hätte. Es waren teure Kämme, das wußte sie, und ihr Herz hatte nach ihnen gebettelt und gebarmt, ohne die leiseste Hoffnung, sie je zu besitzen. Und nun waren sie ihr eigen; aber die Flechten, die der ersehnte Schmuck hätte zieren sollen, waren fort. Doch sie preßte sie zärtlich an die Brust und war schließlich so weit, daß sie mit schwimmenden Augen und einem Lächeln aufblicken und sagen konnte: »Mein Haar wächst so schnell, Jim!«

Und dann sprang Della auf wie ein gebranntes Kätzchen und rief: »Oh, oh!«

Jim hatte ja noch nicht sein schönes Geschenk gesehen. Ungestüm hielt sie es ihm auf der geöffneten Hand entgegen. Das leblose, kostbare Metall schien im Abglanz ihres strahlenden, brennenden Eifers zu blitzen.

»Ist die nicht toll, Jim? Die ganze Stadt hab' ich danach abgejagt. Jetzt mußt du hundertmal am Tag nachsehen, wie spät es ist. Gib mir die Uhr. Ich möchte sehen, wie sich die Kette dazu macht.«

Statt zu gehorchen, ließ er sich auf die Chaiselongue fallen, legte die Hände im Nacken zusammen und lächelte.

»Dell«, sagte er, »wir wollen unsere Weihnachtsgeschenke beiseite legen und eine Weile aufheben. Sie sind zu hübsch, um sie jetzt schon in Gebrauch zu nehmen. Ich habe die Uhr verkauft, um das Geld für die Kämme zu haben. Wie wäre es, wenn du die Kotelette braten würdest?«

Die Weisen waren, wie ihr wißt, weise Männer – wunderbar weise Männer –, die dem Kind in der Krippe Geschenke brachten. Sie haben die Kunst erfunden, Weihnachtsgeschenke zu machen. Da sie weise waren, waren natürlich auch ihre Geschenke weise und hatten vielleicht den Vorzug, umgetauscht werden zu können, falls es Dubletten gab. Und hier habe ich euch nun schlecht und recht die ereignislose Geschichte von zwei törichten Kindern in einer möblierten Wohnung erzählt, die höchst unweise die größten Schätze ihres Hauses füreinander opferten. Doch mit einem letzten Wort sei den heutigen Weisen gesagt, daß diese beiden die weisesten aller Schenkenden waren. Von allen, die Geschenke geben und empfangen, sind sie die weisesten. Überall sind sie die weisesten. Sie sind die wahren Weisen.

MARIE LUISE KASCHNITZ

Das Wunder

> Ein Kind sitzt da und wartet auf das Wunder, und wenn das Wunder nicht kommt, ist alles aus und vorbei …

Die Schwierigkeit, die man im Verkehr mit Don Crescenzo hat, besteht darin, daß er stocktaub ist. Er hört nicht das geringste und ist zu stolz, den Leuten von den Lippen zu lesen. Trotzdem kann man ein Gespräch mit ihm nicht einfach damit anfangen, daß man etwas auf einen Zettel schreibt. Man muß so tun, als gehöre er noch zu einem, als sei er noch ein Teil unserer lauten, geschwätzigen Welt.

Als ich Don Crescenzo fragte, wie das an Weihnachten gewesen sei, saß er auf einem der Korbstühlchen am Eingang seines Hotels. Es war sechs Uhr, und der Strom der Mittagskarawanen hatte sich verlaufen. Es war ganz still, und ich setzte mich auf das andere Korbstühlchen, gerade unter das Barometer mit dem Werbebild der Schiffahrtslinie, einem weißen Schiff im blauen Meer. Ich wiederholte meine Frage, und Don Crescenzo hob die Hände gegen seine Ohren und schüttelte bedauernd den Kopf. Dann zog er ein Blöckchen und einen Bleistift aus der Tasche, und ich schrieb das Wort Natale und sah ihn erwartungsvoll an.

Ich werde jetzt gleich anfangen, meine Weihnachtsgeschichte zu erzählen, die eigentlich Don Crescenzos Geschichte ist. Aber vorher muß ich noch etwas über diesen Don Crescenzo sagen. Meine Leser müssen wissen, wie arm er einmal war und wie reich er jetzt ist, ein Herr über hundert Angestellte, ein Besitzer von großen Wein- und Zitronengärten und von sieben Häusern. Sie müssen sich sein Gesicht vorstellen, das mit jedem Jahr der Taubheit sanfter wirkt, so als würden Gesichter nur von der beständigen Rede und Gegenrede geformt und bestimmt. Sie müssen ihn vor sich sehen, wie er unter den Gästen seines Hotels umhergeht, aufmerksam und traurig und schrecklich allein. Und dann müssen Sie auch erfahren, daß er sehr gern aus seinem Leben erzählt und daß er dabei nicht schreit, sondern mit leiser Stimme spricht.

Oft habe ich ihm zugehört, und natürlich war mir auch die Weihnachtsgeschichte schon bekannt. Ich wußte, daß sie mit der Nacht anfing, in der der Berg kam, ja, so hatten sie geschrien: der Berg kommt, und sie hatten das Kind aus dem Bett gerissen und den schmalen Felsenweg entlang. Er war damals sieben Jahre alt, und wenn Don Crescenzo davon berichtete, hob er die Hände an die Ohren, um zu verstehen zu geben, daß dieser Nacht gewiß die Schuld an seinem jetzigen Leiden zuzuschreiben sei.

Ich war sieben Jahre alt und hatte das Fieber, sagte Don Crescenzo und hob die Hände gegen die Ohren, auch dieses Mal. Wir waren alle im Nachthemd, und das war es auch, was uns geblieben war, nachdem der Berg unser Haus ins Meer gerissen hatte, das Hemd auf dem Leibe, sonst nichts. Wir wurden von Verwandten aufgenommen, und andere Verwandte haben uns später das Grundstück gegeben, dasselbe, auf dem jetzt das Albergo steht. Meine Eltern haben dort, noch bevor der Winter kam, ein Haus gebaut. Mein Vater hat die Maurerarbeiten gemacht, und meine Mutter hat ihm die Ziegel in Säcken den Abhang hinuntergeschleppt. Sie war klein und schwach, und wenn sie glaubte, daß niemand in der Nähe sei, setzte sie sich einen Augenblick auf die Treppe und seufzte, und die Tränen liefen ihr über das Gesicht. Gegen Ende des Jahres war das Haus fertig, und wir schliefen auf dem Fußboden, in Decken gewickelt, und froren.

Und dann kam Weihnachten, sagte ich, und deutete auf das Wort »Natale«, das auf dem obersten Zettel stand.

Ja, sagte Don Crescenzo, dann kam Weihnachten, und an diesem Tage war mir so traurig zumute wie in meinem ganzen Leben nicht. Mein Vater war Arzt, aber einer von denen, die keine Rechnungen schreiben. Er ging hin und behandelte die Leute, und wenn sie fragten, was sie schuldig seien, sagte er, zuerst müßten sie die Arzneien kaufen und dann das Fleisch für die Suppe, und dann wollte er ihnen sagen, wieviel. Aber er sagte es nie. Er kannte die Leute hier sehr gut und wußte, daß sie kein Geld hatten. Er brachte es einfach nicht fertig, sie zu drängen, auch damals nicht, als wir alles verloren hatten und die letzten Ersparnisse durch den Hausbau aufgezehrt waren. Er versuchte es einmal, kurz vor Weihnachten, an dem Tage, an dem wir unser letztes Holz im Herd verbrannten. An diesem Abend brachte meine Mutter einen Stoß weißer Zettel nach Hause und legte sie vor meinen Vater hin, und dann nannte sie ihm eine Reihe von Namen, und mein Vater schrieb die Namen auf die Zettel und jedesmal ein paar Zahlen dazu. Aber als er damit fertig war, stand er auf und warf die Zettel in das Herdfeuer, das gerade am Ausgehen war. Das Feuer flackerte sehr schön, und ich freute mich darüber, aber meine Mutter fuhr zusammen und sah meinen Vater traurig und zornig an.

So kam es, daß wir am vierundzwanzigsten Dezember kein Holz mehr hatten, kein Essen und keine Kleider, die anständig genug gewesen wären, damit in die Kirche zu gehen. Ich glaube nicht, daß meine Eltern sich darüber viel Gedanken machten. Erwachsene, denen so etwas geschieht, sind gewiß der Überzeugung, daß es ihnen schon einmal wieder besser gehen wird und daß sie dann essen und trinken und Gott loben können, wie sie es so oft getan haben im Laufe der Zeit. Aber für ein Kind ist das etwas ganz anderes. Ein Kind sitzt da und wartet auf das Wunder, und wenn das Wunder nicht kommt, ist alles aus und vorbei ...

Bei diesen Worten beugte sich Don Crescenzo vor und sah auf die Straße hinaus, so als ob dort etwas seine Aufmerksamkeit in Anspruch nähme. Aber in Wirklichkeit versuchte er nur, seine Tränen zu verbergen. Er versuchte, mich nicht merken zu lassen, wie das Gift der Enttäuschung noch heute alle Zellen seines Körpers durchdrang.

Unser Weihnachtsfest, fuhr er nach einer Weile fort, ist gewiß ganz anders als die Weihnachten bei Ihnen zu Hause. Es ist ein sehr lautes, sehr fröhliches Fest. Das Jesuskind wird im Glasschrein in der Prozession getragen, und die Blechmusik spielt. Viele Stunden lang werden Böllerschüsse abgefeuert, und der Hall dieser Schüsse wird von den Felsen zurückgeworfen, so daß es sich anhört wie eine gewaltige Schlacht. Raketen steigen in die Luft, entfalten sich zu gigantischen Palmenbäumen und sinken in einem Regen von Sternen zurück ins Tal. Die Kinder johlen und lärmen, und das Meer mit seinen schwarzen Winterwellen rauscht so laut, als ob es vor Freude schluchze und singe. Das ist unser Christfest, und der ganze Tag vergeht mit Vorbereitungen dazu. Die Knaben richten ihre kleinen Feuerwerkskörper, und die Mädchen binden Kränze und putzen die versilberten Fische, die sie der Madonna umhängen. In allen Häusern wird gebraten und gebakken und süßer Sirup gerührt.

So war es auch bei uns gewesen, solange ich denken konnte. Aber in der Christnacht, die auf den Bergsturz folgte, war es in unserem Hause furchtbar still. Es brannte kein Feuer, und darum blieb ich so lange wie möglich draußen, weil es dort immer noch ein wenig wärmer war als drinnen. Ich saß auf den Stufen und sah zur Straße hinauf, wo die Leute vorübergingen und wo die Wagen mit ihren schwachen Öllämpchen auftauchten und wieder verschwanden. Es waren eine Menge Leute unterwegs, Bauern, die mit ihren Familien in die Kirche fuhren, und andere, die noch etwas zu verkaufen hatten, Eier und lebendige Hühner und Wein. Als ich da saß, konnte ich das Gegacker der Hühner hören und das lustige Schwatzen der Kinder, die einander erzählten, was sie alles erleben würden heute nacht. Ich sah jedem Wagen nach, bis er in dem dunklen Loch des Tunnels verschwand, und dann wandte ich den Kopf wieder und schaute nach einem neuen Fuhrwerk aus; als es auf der Straße stiller wurde, dachte ich, das Fest müsse begonnen haben und ich würde nun etwas vernehmen von dem Knattern der Raketen und den Schreien der Begeisterung und des Glücks. Aber ich hörte nichts als die Geräusche des Meeres, das gegen die Felsen klatschte, und die Stimme meiner Mutter, die betete und mich aufforderte, einzustimmen in die Litanei. Ich tat es schließlich, aber ganz mechanisch und mit verstocktem Gemüt. Ich war sehr hungrig und wollte mein Essen haben, Fleisch und Süßes und Wein. Aber vorher wollte ich mein Fest haben, mein schönes Fest ...

Und dann auf einmal veränderte sich alles auf eine unfaßbare Art. Die Schritte auf der Straße gingen nicht mehr vorüber, und die Fahrzeuge hielten an. Im Schein der Lampen sahen wir einen prallen Sack, der in unseren Garten geworfen, und hochgepackte Körbe, die an den Rand der Straße gestellt wurden. Eine Ladung Holz und Reisig rutschte die Stufen herunter, und als ich mich vorsichtig die Treppe hinauftastete, fand ich auf dem niederen Mäuerchen, auf Tellern und Schüsseln, Eier, Hühner und Fisch. Es dauerte eine ganze Weile, bis die geheimnisvollen Geräusche zum Schweigen kamen und wir nachsehen konnten, wie reich wir mit einem Male waren. Da ging meine Mutter in die Küche und machte Feuer an, und ich stand draußen und sog inbrünstig den Duft in mich ein, der bei der Verbindung von heißem Öl, Zwiebeln, gehacktem Hühnerfleisch und Rosmarin entsteht.

Ich wußte in diesem Augenblick nicht, was meine Eltern schon ahnen mochten, nämlich, daß die Patienten meines Vaters, diese alten Schuldner, sich abgesprochen hatten, ihm Freude zu machen auf diese Art. Für mich fiel alles vom Himmel, die Eier und das Fleisch, das Licht der Kerzen, das Herdfeuer und der schöne Kittel, den ich mir aus einem Packen Kleider hervorwühlte und so schnell wie möglich überzog. Lauf, sagte meine Mutter, und ich lief die Straße hinunter und durch den langen finsteren Tunnel, an dessen Ende es schon glühte und funkelte von buntem Licht. Als ich in die Stadt kam, sah ich schon von weitem den roten und goldenen Baldachin, unter dem der Bischof die steile Treppe hinaufgetragen wurde. Ich hörte die Trommeln und die Pauken und das Evvivageschrei und brüllte aus Leibeskräften mit. Und dann fingen die großen Glocken in ihrem offenen Turm an zu schwingen und zu dröhnen.

Don Crescenzo schwieg und lächelte freudig vor sich hin. Gewiß hörte er jetzt wieder, mit einem inneren Gehör, alle diese heftigen und wilden Geräusche, die für ihn so lange zum Schweigen gekommen waren und die ihm in seiner Einsamkeit noch viel mehr als jedem anderen Menschen bedeuteten: Menschenliebe, Gottesliebe, Wiedergeburt des Lebens aus dem Dunkel der Nacht.

Ich sah ihn an, und dann nahm ich das Blöckchen zur Hand. Sie sollten schreiben, Don Crescenzo. Ihre Erinnerungen. – Ja, sagte Don Crescenzo, das sollte ich.

Einen Augenblick richtete er sich hoch auf, und man konnte ihm ansehen, daß er die Geschichte seines Lebens nicht geringer einschätzte als das, was im Alten Testament stand oder in der Odyssee. Aber dann schüttelte er den Kopf. Zuviel zu tun, sagte er.

Und auf einmal wußte ich, was er mit all seinen Umbauten und Neubauten, mit der Bar und den Garagen und dem Aufzug hinunter zum Badeplatz im Sinne hatte. Er wollte seine Kinder schützen vor dem Hunger, den traurigen Weihnachtsabenden und den Erinnerungen an eine Mutter, die Säcke voll Steine schleppt und sich hinsetzt und weint.

MARTIN SUTER

Die Woche zwoundfünfzig

Schon seit Beginn der Woche achtundvierzig steht auf dem Empfangspult ein Adventsgebinde, das die Rezeptionistin möglicherweise selbst gesteckt hat. Möglicherweise alleinerziehende Mutter. Möglicherweise Waldspaziergang. Schläfli will es nicht wissen!

Zu Beginn der Woche neunundvierzig spiegelt sich dann auch prompt die erste Kerze so festlich in den erwartungsvollen Augen der Rezeptionistin, daß Schläfli nicht umhin kann, eine Bemerkung zu machen. »Ah, jede Kerze anders«, murmelt er und rettet sich in den Lift. Mein Gott, auch noch jede Kerze anders! denkt er angewidert. Für den Rest der Woche gelingt es ihm dann aber einigermaßen, die Anzeichen auf die Woche zwoundfünfzig zu ignorieren.

In der Woche fünfzig wird das schwieriger wegen der Festtagswünsche: Er erhält künstlerische Karten mit dem Hinweis, daß das Unternehmen des Absenders, statt Weihnachtsgeschenke zu verschicken, einen namhaften Betrag an eine wohltätige Organisation verschickt hat, und verschickt ebensolche, dieses Jahr Rolf Knie/Rotes Kreuz.

Am folgenden Montag brennt die dritte Kerze in der

Rezeption. Eine unansehnliche feldgraue. Wahrscheinlich Kerzenziehen 1991. Zum ersten Mal konfrontiert er sich bewußt mit dem Wort »Weihnachtsgeschenke«, um die Wirkung zu testen, im Selbstversuch. Das Resultat ist beunruhigend, aber noch nicht verheerend. Es gelingt ihm ohne besondere Anstrengung, das Wort für den Rest des Tages zu verdrängen.

Am Freitagabend der Woche einundfünfzig begegnet ihm im Lift der erste Mann mit einem Weihnachtspäckchen. Von Frauen ist er sich diesen Anblick seit Woche fünfundvierzig gewohnt. Eine Frau mit einer Plastiktasche, aus der Päckchen mit Bändelchen und Mäschchen und Sternchen und Engelchen hervorblitzen, bedeutet noch nicht den Ernstfall. Aber Keller, ein an sich normaler, brauchbarer Abteilungsleiter ohne Illusionen, mit einem deutlich sichtbaren Geschenkpaket? Davor konnte er nicht mehr die Augen verschließen.

»Hat jemand Geburtstag?« fragt er ihn noch, ohne große Hoffnung. Keller lächelt höflich, wie wenn Schläfli eines seiner Vorgesetzter-im-Lift-Witzchen gemacht hätte, und antwortet: »Das letzte Weihnachtsgeschenk. Jetzt habe ich alle, Gott sei Dank.«

Noch im Lift ergreift Schläfli Panik. Lilly! Bis Ladenschluß rennt er kopflos vor glitzernden Auslagen auf und ab, ohne auch nur den Ansatz einer Idee, was er Lilly schenken könnte. Lilly, seiner Frau, die sich um alle Weihnachtsgeschenke kümmert. Außer um ihr eigenes. Lilly!

Am ersten Tag der Woche zwoundfünfzig, als zum ersten Mal vier Flämmchen in jedem Auge der Rezeptionistin leuchten, hat Schläfli die Idee: Er spricht mit Frau Hermann, seiner langjährigen Sekretärin. »Haben Sie eine Idee für meine Frau?« Frau Hermann schaut ohne Überraschung von ihrem Dossier auf. »Was haben wir für ein Budget? Letztes Jahr waren es dreitausend.«

Am nächsten Tag klingelt bei Lilly Schläfli das Telefon. »Ich fürchtete schon, er kauft dieses Jahr selber etwas«, sagt sie erleichtert, »wie hoch ist das Budget?«

»Dreidrei«, antwortet Frau Hermann.

»Ich hab was für dreisiebenfünfzig, das kriegen Sie durch.«

»Sein Budget für Sie, Frau Hermann, ist übrigens zweihundert, finden Sie da etwas?«

ALEXANDROS PAPADIAMANTIS

Geschenke auf Schwingen

Ein Engel Gottes, dem die Welt der Berechnungen und Begierden fremd war, stieg am letzten Tag des Jahres aus den Höhen herab, schlug seine Flügel zusammen und verbarg sie. Er brachte den Bewohnern der Hauptstadt, deren Schutzengel er war, Geschenke mit aus dem Reich des Herrn.

In der Hand hielt er einen Stern, aus seiner Brust pulsierte Leben und Kraft, und seinem Mund entstieg der Odem göttlichen Seelenfriedens. Diese drei Geschenke wollte er all denen überreichen, die sie willig entgegennähmen.

Zuerst ging er in ein herrschaftliches Haus. Dort sah er die Lüge und Scheinheiligkeit, den Stumpfsinn und Leerlauf des Lebens, wie sie dem Mann und der Frau ins Gesicht geschrieben waren, und er hörte die beiden Sprößlinge Worte in einer unbekannten Sprache stammeln. Der Engel mit seinen drei Himmelsgeschenken machte sich eilends fort.

Er kam zur Hütte des Armen. Der Mann verbrachte seine Abende im Wirtshaus. Die Frau mühte sich ab, fünf Kinder mit einem Bissen trockenen Brotes zum Schlafen zu bringen und verfluchte den Tag, an dem sie sich verehelicht hatte. Um Mitternacht kam das Gespons zurück; von dem aufgebrachten Weibe übel beschimpft, schlug er mit einem knorrigen Stock auf sie ein, und nicht viel später legten sich beide ohne Nachtgebet schlafen und schnarchten bald laut und schwer. Der Engel machte sich fort.

Er betrat ein großes, festlich erleuchtetes Gebäude. Dort gab es viele Zimmer mit Tischen, über die Menschen sich beugten und kartenspielend ohn' Unterlaß Geld zählten. Sie sahen fahl und trübsinnig aus, waren jedoch mit Herz und Seele bei der Sache. Der Engel schlug seine Flügel vors Gesicht, um nichts mehr sehen zu müssen, und lief rasch davon.

Auf der Straße traf er viele Menschen, die schwer vom Wein aus den Schenken kamen, andere, schlimmer betrunken, aus den Spielhöllen. Er sah die einen, wie sie sich unschicklich benahmen, die anderen, wie sie dem heiligen Basilius, dessen Festtag anstand, mit Lästerworten die Schuld zuschoben. Der Engel bedeckte die Ohren mit den Flügeln, um nichts mehr hören zu müssen, und ging vorbei.

Schon brach der erste Tag des neuen Jahres an, und trostsuchend betrat der Engel eine Kirche. Direkt am Tor sah er Menschen Münzen zählen, einzig, daß sie keine Spielkarten in den Händen hielten; und im Hintergrund erblickte er eine goldgeschmückte Gestalt, die trug eine Mitra auf dem Kopf wie ein persischer

Satrap aus der Zeit des Großkönigs Dareios und gebärdete sich geziert und gespreizt. Rechts und links sangen ein paar Leute mit gekünstelter Stimme: *Sehet den Bischof, den Hohenpriester!*

Der Engel fand keinen Trost. Er nahm die auf Schwingen mitgeführten Geschenke – den Stern, dazu bestimmt, der Menschen Geist zu erhellen, den Odem, der in der Lage war, Seelen Linderung zu bringen, und das Leben, dafür geschaffen, in der Menschen Herzen zu schlagen, spannte seine Flügel auf und kehrte heim in die himmlischen Höhen.

Weihnachten – das Fest der Tiere

DINO BUZZATI

Zuviel Weihnachten

»Entsinnst du dich noch«, fragte im Paradies der Tiere die Seele des Eselchens die Seele des Ochsen, »entsinnst du dich noch zufällig jener Nacht vor vielen Jahren, als wir in einer Art Hütte standen, und gerade dort in der Krippe ...?«

»Laß mich nachdenken! Ja richtig«, bestätigte der Ochse, »in der Krippe lag ein neugeborenes Kind. Wie hätte ich das vergessen können? Es war ein so schönes Kind.«

»Seit damals, wenn ich nicht irre«, sagte nun das Eselchen, »weißt du, wie viele Jahre seit damals vergangen sind?«

»Wo denkst du hin, ich mit meinem Ochsengedächtnis.«

»Eintausendneunhundertsechzig.«

»Was du nicht sagst!«

»Weißt du übrigens, wer das Kind gewesen ist?«

»Wie soll ich das wissen? Es waren doch Leute auf der Durchreise. Gewiß ein wunderschönes Kindlein. Merkwürdig, daß es mir nie aus dem Sinn gekommen ist, und dabei schienen seine Eltern doch ganz gewöhnliche Menschen. Sag mir, wer war es?«

Das Eselchen flüsterte etwas ins Ohr des Ochsen.

»Aber nein«, sagte dieser verblüfft, »wirklich? Du scherzt doch wohl nur?«

»Nein, es ist die reine Wahrheit. Ich schwöre ... übrigens hatte ich es schon damals sofort verstanden.«

»Ich nicht, ich gebe es zu«, sagte der Ochse, »aber du bist eben intelligenter als ich. Ich habe es nicht einmal geahnt. Obwohl es wirklich ein wunderschönes Kind war.«

»Nun gut, seit damals feiern die Menschen jedes Jahr ein großes Fest zu seinem Geburtstag. Es gibt keinen schöneren Tag für sie. Wenn du sie nur sehen könntest. Es ist eine Zeit allgemeiner Heiterkeit, der Seelenruhe, der Sanftmut, des Friedens, der Familienfreuden, des Sichgernehabens. Selbst Mörder werden zahm wie Lämmer. Weihnacht nennen es die Menschen. Übrigens, mir kommt ein guter Gedanke. Da wir schon davon sprechen, soll ich sie dir zeigen?«

»Wen?«

»Die Menschen, die Weihnachten feiern.«

»Wo?«

»Unten auf der Erde.«

»Warst du schon einmal dort?«

»Jedes Jahr mache ich einen Sprung hinunter. Ich habe einen besonderen Passierschein. Aber ich denke, du wirst auch einen bekommen, denn nach allem könnten wir zwei wohl auch auf etwas Anerkennung Anspruch erheben.«

»Weil wir das Kindlein damals mit unserem Atem wärmten?«

»Komm, beeile dich, wenn du nicht das Beste versäumen willst. Heute ist Heiliger Abend.«

»Und mein Passierschein?«

»Sofort gemacht, ich habe einen Vetter im Paßamt.«

Der Passierschein wurde bewilligt. Sie setzten sich in Bewegung, und unendlich leicht, wie es körperlosen Säugetieren eigen ist, schwebten sie vom Himmel auf die Erde. Bald entdeckten sie ein Licht und hielten darauf zu. Aus einem wurden Tausende, es war eine riesenhafte Stadt.

Und da durchwanderten nun Eselchen und Ochse, unsichtbar, die Straßen des Zentrums. Da es sich um Geister handelte, fuhren Autobusse, Automobile, Straßenbahnwagen durch sie hindurch, ohne Schaden anzurichten, und selbst durch Mauern war es ihnen gegeben zu gehen, als ob sie Luft wären. So vermochten sie alles nach Herzenslust zu betrachten.

Es war wirklich ein eindrucksvolles Schauspiel: Tausende von Lichtern in den Schaufenstern, Blumengewinde, Girlanden, unzählige Tannenbäume; die ungeheure Stauung der Wagen, die sich abmühten, durch enge Straßen zu fahren, und das wirblige Gewimmel und Hin und Her der Menschen, die sich in den Läden drängten, hinein- und wieder herausströmten, sich mit Paketen und Paketchen beluden und alle gespannte Gesichter hatten, als würden sie gejagt. Das Eselchen schien bei diesem Anblick wie verzückt, während der Ochse sich voller Entsetzen umsah.

»Höre, Freund Eselchen, du hast mir gesagt, daß du mir Weihnachten zeigen wolltest! Du hast dich wohl geirrt. Ich sage dir, hier ist doch Krieg!«

»Siehst du denn nicht, wie zufrieden alle sind?«

»Zufrieden? Mir kommen sie wie Wahnsinnige vor. Sieh doch auf ihre besessenen Gesichter, ihre fiebrigen Augen.«

»Du bist eben ein Provinzler, mein lieber Ochse, und du bist nie aus dem Paradies herausgekommen. Du verstehst die modernen Menschen nicht. Um sich zu unterhalten, um sich zu freuen, um sich glücklich zu fühlen, haben sie es nötig, ihre Nerven zu ruinieren.«

Laufburschen auf Fahrrädern, die gefährlich große Paketbündel balancierten, zogen vorbei; Lieferwagen wurden be- und entladen; riesige Mengen von Süßigkeiten und Berge von Blumen lösten sich unter dem Ansturm keuchender Menschen auf; Lampen blitzten und verloschen; seltsame Lieder, die Schreien ähnelten, dröhnten von allen Seiten. Dank seiner körperlosen Natur flog der Ochse neugierig zu einem Fenster im siebten Stock hinauf. Das Eselchen folgte gutmütig.

Sie sahen in ein reich möbliertes Zimmer, wo eine

sorgenvolle Dame vor einem Tisch saß. Linker Hand lag ein Haufen von fast einem halben Meter farbiger Karten und Kärtchen aufgebaut und rechts von ihr ein Stoß weißer Billetts. Die Dame, sichtlich bemüht, keine Minute zu verlieren, nahm hastig ein farbiges Kärtchen, betrachtete es einen Augenblick lang, sah in einem dicken Buch nach und schrieb sodann etwas auf eines der weißen Billetts, steckte es in einen Umschlag, schloß den Umschlag, dann nahm sie vom linken Stoß ein neues buntes Kärtchen und wiederholte die ganze Prozedur. Ihre Hände bewegten sich so schnell, daß man ihnen kaum folgen konnte. Aber der Haufen bunter Kärtchen hatte einen eindrucksvollen Umfang. Wie lange würde sie wohl brauchen, um alles zu erledigen? Man sah es der Unglücklichen an, daß sie fast nicht mehr konnte, und dabei war sie erst am Anfang.

»Hoffentlich bezahlen sie sie wenigstens gut für solche Schufterei«, sagte der Ochse.

»Bist du naiv, lieber Freund! Das ist eine außerordentlich reiche Dame aus der besten Gesellschaft.«

»Und warum arbeitet sie sich dann zu Tode?«

»Sie arbeitet sich gar nicht zu Tode, sie antwortet nur auf Glückwunschkarten.«

»Glückwunschkarten? Was nützen die?«

»Nichts, absolut nichts. Aber wer weiß, warum, die Leute haben jetzt eine besondere Vorliebe dafür.«

Sie sahen in ein anderes Zimmer hinein. Auch da saßen Leute mit Schweißperlen auf der Stirn und in Aufregung und schrieben Glückwünsche auf Glückwunschkarten. Überall, wo die beiden Tiere hineinschauten, richteten Männer und Frauen Päckchen, schrieben Adressen, liefen ans Telephon, eilten blitzschnell von einem Zimmer ins andere, Schnüre, Bänder, Kärtchen, Gehänge tragend, während junge Dienstboten mit von Müdigkeit gezeichneten Gesichtern weitere Päckchen, weitere Schachteln, weitere Blumen und neue Stöße von Briefen, Rollen, Kärtchen und Bogen herbeischleppten. Und alles war Hast, Aufregung, Verwirrung, Mühe und eine schreckliche Anstrengung.

Überall, wo sie hinkamen, zeigte sich ihnen dasselbe Schauspiel. Kommen und Gehen, Kaufen oder Verpacken, Absenden oder Empfangen, Einwickeln, Auswickeln, Rufen und Antworten. Und alle blickten immer nach der Uhr, alle hasteten, alle keuchten von Furcht besessen, nicht zur Zeit fertig zu werden, jemand brach zusammen, schnappte nach Luft unter der immer größer werdenden Flut der Pakete, Päckchen, Kärtchen, Kalender, Geschenke, Telegramme, Briefe, Karten, Billetts und so weiter.

»Du hast mir doch gesagt«, bemerkte der Ochse, »daß es ein Fest der Heiterkeit, des Friedens und der Seelenruhe sei.«

»Tja«, antwortete das Eselchen –, »einmal war es

auch so. Aber was soll ich dir sagen, seit einigen Jahren scheinen die Menschen beim Nahen des Weihnachtsfestes wie von einer geheimnisvollen Tarantel gestochen und verstehen rein gar nichts mehr. Hör ihnen doch zu.«

Verwundert hörte der Ochse hin. In den Straßen, den Geschäften, den Büros, den Fabriken sprachen die Menschen schnell miteinander und wechselten, wie Automaten, monotone Redensarten: »Fröhliche Weihnachten« – »Gesegnete Weihnachten« – »Danke, auch Ihnen« – »Fröhliche Weihnachten« – »Gesegnete Weihnachten« – »Danke« – »Fröhliche Weihnachten« – »Fröhliche Weihnachten« ... Es war ein Geflüster, das die ganze Stadt erfüllte.

»Glauben sie denn daran?« fragte der Ochse. »Meinen sie es wirklich so? Lieben sie ihren Nächsten?«

Das Eselchen schwieg.

»Wollen wir nicht etwas abseits gehen?« schlug der Ochse vor, »der Kopf brummt mir, und ich habe Sehnsucht nach dem, was du Weihnachtsstimmung nennst.«

»Im Grunde auch ich«, gab das Eselchen zu.

So schlüpften sie durch die wirbelnden Schleusen der Wagen, entfernten sich ein wenig vom Zentrum, von den Lichtern, dem Lärm, der Raserei.

»Du, der mehr davon versteht als ich«, begann der Ochse, immer noch wenig überzeugt, »sag mir doch, bist du wirklich sicher, daß das dort keine Verrückten sind?«

»Nein, nein, es ist eben einfach Weihnachten.«

»Dann ist dort zuviel Weihnachten. Erinnerst du dich noch damals in Bethlehem an die Hütte, die Hirten und das schöne Kind? Auch dort war es kalt, aber welcher Frieden, welche Zufriedenheit. Wie anders war es damals.«

»Ja, und die fernen Klänge des Dudelsacks, die man nur ganz leise hörte.«

»Und das sanfte Flügelschlagen auf dem Dach. Was für Vögel das wohl waren?«

»Vögel? Aber nein doch, Engel waren es.«

»Und die drei reichen Herren, die Geschenke brachten, entsinnst du dich noch ihrer? Wie wohlerzogen sie waren, wie leise sie zusammen sprachen, welch vornehme Leute. Könntest du dir sie heute in diesem Rummel vorstellen?«

»Und der Stern? Denkst du noch an den hellen Stern, der damals gerade über der Hütte stand? Ob es ihn wohl heute noch gibt? Sterne haben doch meist ein langes Leben.«

»Ich fürchte nein«, sagte der Ochse skeptisch, »es sieht so wenig nach Sternen hier aus.«

Sie hoben ihre Köpfe, und wirklich, man sah nichts. Über der Stadt lag eine Decke dichten Nebels.

INGEBORG AMBS

Wie das Rentier Rudolf glücklich wurde

In Amerika ist das ganz anders mit dem Nikolaus als hier bei uns. Dort nennt man ihn Santa Claus. Er ist dick und rund und trägt in seinem freundlichen Gesicht einen langen, weißen Bart. Man glaubt, daß der Santa Claus in einer Gegend am schneereichen Nordpol wohnt und dort eine große Spielzeugfabrik hat.

Natürlich lebt er dort nicht allein, o nein. Er hat viele, viele Helfer, nämlich fleißige, freundliche Zwerge. Das ganze Jahr über stellen sie all die schönen Sachen her, die sich die Buben und Mädchen von Santa Claus wünschen. In der Heiligen Nacht läßt dieser seinen großen, prachtvollen Schlitten vorfahren. Darauf werden die vielen Päckchen und Pakete für die Kinder geladen, nur für die braven, wohlgemerkt. Das ist eine Riesenarbeit, wie man sich denken kann. Aber pünktlich um Mitternacht wirft sich Santa Claus seinen dikken Pelz um, setzt sich auf den Schlitten und läßt das Gefährt von neun Rentieren in schnellem Galopp zu den Menschen ziehen. Hei, dann geht's durch die winterklare Luft über Kirchtürme, Dächer und Bäume bis hin zur nächsten Stadt. Die Rentiere, das muß man wissen, können durch die Lüfte reiten und auf Dächern landen.

Die Kinder wissen, daß Santa Claus nur in jene Häuser geht, wo kein Licht mehr brennt, wo die Kinder artig in ihren Betten liegen und schlafen oder träumen. Er will nämlich nicht gestört werden bei der Bescherung, denn sonst schafft er die viele Arbeit nicht in der einen Nacht. Aber bevor sich die Kinder schlafen legen, schauen sie lange sehnsüchtig zum Himmel hinauf, und wenn sie in der Ferne einen kleinen, leuchtenden Punkt erblicken, dann wissen sie, daß Santa Claus auf dem Weg zu ihnen ist. Was das auf sich hat mit dem kleinen, leuchtenden Punkt, möchtet ihr wissen? Das ist so:

In der Gegend, wo Santa Claus wohnt, gibt es viele Rentiere. Sie sehen ähnlich aus wie die stattlichen Hirsche in unseren Wäldern. Auch haben sie ein stolzes Geweih auf ihrem Kopf. Jedes Jahr zur Winterszeit, wenn alles für die Weihnachtsbescherung gerichtet ist, läßt Santa Claus ein Plakat an die Säule kleben, auf dem zu lesen ist:

Santa Claus sucht neun Rentiere
für seine Schlittenfahrt zur Erde.
Bewerber melden sich bitte heute um fünfzehn Uhr
vor dem Tor der Spielzeugfabrik.
Bitte pünktlich sein.

Bald stehen die Rentiere in langen Reihen vor dem Tor, denn es ist eine große Ehre, für die Schlittenfahrt ausgewählt zu werden.

Jahr für Jahr schon meldete sich auch das kleine Rentier Rudolf, das lange nicht so kräftig ist wie die anderen und auch kein stattliches Geweih hat, sondern nur kümmerliche, kleine Ansätze. Das ist sehr schlimm für ein Rentier. Aber vor vielen Jahren war Rudolfs größter Kummer seine Nase. Die ist nämlich so groß und bauchig und hell wie eine Glühbirne. Heute ist er ja froh darüber, aber damals hatte er wegen seiner Nase wenig zu lachen. Doch seine Brüder, die Kraftprotze, die konnten gar wohl lachen über ihn. Was mußte Rudolf sich nicht alles anhören: »Man muß sich mit dir schämen! Du bist der Schandfleck unserer Familie! Wie kann man nur mit einer solchen Leuchtkugel herumlaufen! Geh und spiel mit den kleinen, schwachen Schneehasen, zu denen paßt du besser als zu uns!« Solche und noch viel schlimmere Spottworte bekam Rudolf Tag für Tag zu hören. Kein Wunder, daß er todunglücklich war und manches Mal die Augen voller Tränen hatte. Oft gefroren die Tränen, denn am Nordpol ist es bekanntlich sehr kalt, und wie glitzernde Perlen hingen sie unter den Augen. Aber trotzdem lief Rudolf jedes Jahr wieder mutig hinter den andern her, um sich für die weihnachtliche Schlittenfahrt zu bewerben. Allerdings, bis zum großen Tor der Spielzeugfabrik ließen sie ihn nicht vor. Die Brüder befahlen ihm, in einiger Entfernung zurückzubleiben. Sie wollten sich seinetwegen nicht schämen.

Nun war es wieder einmal soweit, daß Santa Claus mit seinem Schlittengespann die Reise zu den Menschen antreten wollte, als ganz plötzlich graue Nebelwolken auftauchten. Immer dichter und undurchdringlicher wurden sie, und schließlich konnte Santa Claus nicht einmal mehr die Hand vor seinen Augen sehen. »Um Himmels willen!« rief er sorgenvoll, »wir können nicht starten bei diesem Wetter. Aber die vielen Kinder – sie warten doch auf mich. Was nun? Ich kann nicht mal mehr die Wunschliste finden, auf der die Namen und Adressen der braven Buben und Mädchen stehen!«

Doch dann – mit einem Male – leuchtete im dicksten Nebel ein rotes Licht auf und bewegte sich direkt auf Santa Claus zu. Um ihn herum wurde es ganz hell, so daß er sogar die Liste sehen konnte. Sie steckte in der rechten Tasche seines Mantels. »Was ist das? Woher kommt dieses helle Licht?« fragte Santa Claus überrascht. »Dieses Licht ist unsere Rettung. Wir brauchen es für unsere Schlittenfahrt. Wem gehört denn diese Lampe?« Jetzt stellte sich Rudolf vor Santa Claus und sagte: »Das ist keine Lampe, das ist meine Nase. Sie strahlt so hell.« Santa Claus streichelte Rudolf über den Kopf. »Das ist ja großartig! Das ist ja wunderbar!

Welch ein Glück für uns!« rief er hocherfreut. »Du mußt den Schlitten anführen! Du mußt durch die Dunkelheit leuchten. Nun können wir die Reise doch antreten und pünktlich am Ziel sein. Gott sei Dank! Rudolf, du bist das beste Rentier der Welt.« Ach, wie war Rudolf da stolz, wie glücklich war er nun. Zum ersten Mal seit langem sah man ihn wieder lachen. Jetzt riefen ihm die Brüder keine Spottnamen mehr zu. Nein, sie sagten: »Lieber Bruder, deine Nase ist einmalig«, womit sie ja wirklich recht hatten.

Bald war mit Kling und Klang das Rentiergespann unterwegs. Die Tiere zogen den Schlitten sicher durch die Dunkelheit, durch Wolken und dicken Nebel. Rudolfs Nase leuchtete allen voraus. In dieser Nacht schien sie sogar noch heller als je zuvor. Das machte die Aufregung, die ihn gepackt hatte. Santa Claus war so begeistert von Rudolf, daß er sagte: »Hühaho, von nun an mußt du jedes Jahr meinen Schlitten anführen, dann kann überhaupt nichts schiefgehen.«

Und so geschah es dann auch, und so geschieht es noch immer. Und darum schauen Amerikas Kinder am Heiligen Abend lange hinauf zum Himmel, bis ihnen der Nacken weh tut. Und wenn sie einen hellen, glühendroten Punkt auftauchen sehen, dann wissen sie: Santa Claus ist nicht mehr weit. Schnell hängen sie ihre Strümpfe neben den Kamin. Santa Claus kommt in Amerika nämlich durch den Schornstein in die Stuben. Die kleineren Geschenke steckt er in die Socken, die größeren legt er unter den Christbaum. Manchmal kann man am anderen Morgen auf den schneebedeckten Dächern die Kufenspuren des Schlittens und die Hufspuren der Rentiere sehen – aber nur, wenn man Glück hat.

EIN RUSSISCHES MÄRCHEN

Wie die Tiere übern Winter kamen

Es waren einmal ein alter Mann und eine alte Frau, die hatten einen Ochsen, einen Hammel, ein Schwein, dazu eine Gans und einen Hahn.

Einst sagte der Mann zu seiner Frau:

»Weißt du was, Frau, der Hahn ist doch zu gar nichts nütze, wir wollen ihn schlachten, damit wir in den Feiertagen was Gutes zu essen haben.«

»Schön, schlachten wir ihn«, antwortete die Frau.

Der Hahn hörte das, und als es Nacht wurde, floh er in den Wald. Am andern Tag suchte der Mann lange nach dem Hahn, aber er fand ihn nirgends.

Abends sprach er wieder zu seiner Frau:

»Ich habe den Hahn nicht gefunden, wir werden das Schwein schlachten müssen.«

»Ist recht, schlachte das Schwein.«

Das Schwein hörte das, und als es Nacht wurde, lief es in den Wald davon.

Der Mann suchte lange, lange nach dem Schwein, aber er fand es nicht.

»Wir werden den Hammel schlachten müssen«, sagte er.

»Na schön, schlachte ihn.«

Der Hammel hörte das und sprach zur Gans:

»Wir wollen uns davonmachen, in den Wald, sonst schlachten sie uns beide.«

Und sie liefen in den Wald.

Der Mann ging auf den Hof – weder der Hammel noch die Gans waren zu sehen. Er suchte sie lange, sehr lange, aber er fand sie nicht.

»Wie geht das zu?« rief er schließlich. »Alle Tiere sind fort. Nur der Ochs ist noch da, wir werden ihn schlachten müssen.«

»Na, dann schlachte ihn.«

Der Ochs vernahm es und machte sich ebenfalls aus dem Staube.

Schön ist's im Wald zur Sommerzeit! Unsere Ausreißer freuten sich ihres Lebens und kannten keine Not. Doch der Sommer ging um, der Winter stand vor der Tür. Da kam eines Tags der Ochs zum Hammel und sprach:

»Was werden wir tun, lieber Bruder und Gefährte? Die kalte Zeit bricht an, wir müssen uns ein Häuslein bauen.«

Der Hammel gab zur Antwort:

»Ich hab' ein schönes warmes Fell. Ich werd' nicht frieren.«

Da ging der Ochs zum Schwein.

»Komm, Schwein, es wird kalt, wir wollen uns ein Häuslein bauen!«

»Meinetwegen soll's kalt sein, mir tut die Kälte nichts. Ich wühl' mich in die Erde ein und brauch' kein Haus.«

Da wanderte der Ochs zur Gans.

»Gans, laß uns zusammen ein Häuslein bauen!«

»Wozu die Müh'! Ich leg' mir einen Flügel als Kissen unter und deck' mich mit dem andern zu, so kann mir kein Frost was anhaben.«

Da ging der Ochs zum Hahn.

»Laß uns ein Häuslein bauen!«

»Nein, ich setz' mich unter eine Tanne, die wird mich vor der Kälte schützen.«

Da sah der Ochs, daß er ganz allein für seine Winterbehausung sorgen mußte.

»Macht, was ihr wollt«, sagte er. »Ich baue mir eine warme Unterkunft.«

Und er baute sich allein ein Hüttlein, heizte den Ofen und hatte es gar warm und traulich.

Es war aber ein bitterkalter Winter in diesem Jahr, und der Frost plagte Mensch und Tier. Der Hammel lief immerfort im Wald herum, um sich zu erwärmen, aber es half ihm nichts. Da kam er zum Ochsen und blökte:

»Bäh-bäh, laß mich ein!«

»Nein, Hammel. Als ich dich rief, das Haus mit mir zu bauen, da wolltest du nicht und sagtest, du habest ein warmes Fell.«

»Ach so, du willst nicht? Dann nehm' ich Anlauf und renn' dir die Tür ein. So wirst du auch frieren.«

Der Ochs überlegte: ›Ich werd' ihn einlassen, sonst kühlt er mir noch die Hütte aus.‹

Und er sprach:

»Na schön, komm 'rein!«

Der Hammel trat herein und machte es sich auf der Ofenbank bequem.

Bald darauf kam das Schwein angelaufen.

»Laß mich ein«, grunzte es. »Laß mich ein, Ochs, ich muß mich wärmen.«

»Bleib draußen, Schwein. Du kamst nicht, als ich dich rief, das Haus zu bauen. Du fürchtest die Kälte nicht, sagtest du, und wolltest dich in die Erde einwühlen.«

»Läßt du mich nicht ein, so werd' ich mit meinem Rüssel die Ecken von deinem Haus unterwühlen, und es stürzt ein.«

Der Ochs dachte nach: ›Das Schwein wird noch die Ecken von meinem Haus unterwühlen, und es wird einstürzen.‹

»Na schön, komm 'rein.«

Flink lief das Schwein ins Haus und verkroch sich in den Keller.

Gleich darauf zeigte sich die Gans.

»Lieber Ochs, mach auf, ich möchte mich wärmen«, gackte sie.

»Nein, Gans, schlag dir das aus dem Kopf. Du hast ja zwei Flügel. Den einen legst du unter, und mit dem andern deckst du dich zu. So wirst du nicht frieren.«

»Ach, du willst nicht? Dann rupf' ich dir das ganze Moos aus den Fugen deines Hauses.«

Der Ochs überlegte ein Weilchen und ließ auch die Gans ein. Sie watschelte in die Stube und setzte sich auf den Herdvorsprung.

Ein wenig später stand der Hahn vor der Tür.

»Kikeriki, laß mich ein, lieber Ochs.«

»Nein, wozu? Du wolltest doch unter einer Tanne überwintern.«

»Ach so, dann flieg' ich aufs Dach, werf' den ganzen Dachbelag ab, und es wird kalt in deinem Haus.«

Und so ließ der Ochs auch den Hahn ein. Der flatterte ins Haus und setzte sich auf den Balken.

Da hausten sie nun zu fünft und zankten sich nicht.

Das kam aber dem Bären und dem Wolf zu Ohren.

»Wir wollen doch mal hingehen und alle fünf auffressen«, sagten sie. »Dann können wir selber in dem Häuschen wohnen.«

Und sie machten sich auf den Weg. Sprach der Wolf zum Bären:

»Geh du voran, du bist groß und stark.«

Sprach der Bär zum Wolf:

»Nein, ich bin zu träge, das weiß jedermann. Geh du voran, du bist viel flinker.«

Und der Wolf ging hinein. Doch kaum war er drinnen, ging der Ochs mit seinen Hörnern auf ihn los und drückte ihn an die Wand, der Hammel aber nahm Anlauf und stieß ihn – bauz, bauz – in die Seiten. Das Schwein grunzte aus der Kellerluke hervor:

»Ich schleif' das Beil und wetz' das Messer, will den Wolf lebendig fressen.«

Die Gans kneipte ihn ins Fell, und der Hahn lief auf dem Balken hin und her und krähte:

»Kikeriki, kikeriki, gebt ihn zu mir in die Höh'! Werd' ihn metzeln, werd' ihn sengen, werd' ihn an den Balken hängen.«

Der Bär hörte draußen den Spektakel und sah zu, daß er fortkam. Der Wolf aber rang lange mit den fünfen, bis er sich endlich losriß und fortlief. Er traf den Bären unterwegs und erzählte ihm, was er erlebt hatte:

»Nein, das glaubst du gar nicht, wie es mir an den Kragen ging. Da war ein Bauer riesengroß, der hatte einen schwarzen Flaus. Mit der Ofengabel trieb er mich an die Wand und hielt mich gräßlich festgebannt. Und ein anderer Bauer, nicht ganz so groß, der hatte einen grauen Flaus, er hieb mir mit dem Axtstiel übern Leib, zum Zeitvertreib. Und einer, der war noch kleiner, in einem weißen Rock, der kniff mich mit Zangen, es war zum Bangen. Und das kleinste Bäuerlein, im feuerroten Röckelein, lief auf dem Balken hin und her und schrie: ›Kikeriki, kikeriki, gebt ihn zu mir in die Höh'! Werd' ihn metzeln, werd' ihn sengen, werd' ihn an den Balken hängen.‹ Und aus der Kellerluke schrie es laut: ›Ich schleif' das Beil und wetz' das Messer, will den Wolf lebendig fressen.‹«

Seither machten der Wolf und der Bär einen großen Bogen um das Häuschen im Wald.

Der Ochs, der Hammel, das Schwein, die Gans und der Hahn lebten dort lange in Eintracht und Frieden miteinander.

QUELLENNACHWEISE

INGEBORG AMBS (1934-1998)
Wie das Rentier Rudolf glücklich wurde, S. 163. Aus: Willkommen lieber Nikolaus. Geschichten, Lieder, Gedichte, Spiele, Rätsel für Kinder von heute. Verlag des Südkurier, Konstanz 1986.

HANS CHRISTIAN ANDERSEN (1805-1875)
Der Tannenbaum, S. 103. Aus: H. C. Andersen, Märchen. Übersetzt von Mathilde Mann. Insel Verlag Leipzig 1909.

ELIZABETH VON ARNIM (1866-1941)
Weihnachten in einem bayrischen Dorf, S. 57. Aus: Elizabeth von Arnim, Weihnachten. Ausgewählt und übersetzt von Angelika Beck. © Insel Verlag Frankfurt am Main und Leipzig 2000.

WALTER BENJAMIN (1892-1940)
Ein Weihnachtsengel, S. 13. Aus: Walter Benjamin, Berliner Kindheit um neunzehnhundert. Suhrkamp Verlag Frankfurt am Main 1987.

DINO BUZZATI (1906-1972)
Zuviel Weihnachten, S. 155. Aus: Dino Buzzati, Ochs und Esel besuchen die Erde. Deutsche Übersetzung von Elisabeth Schnack. © by Nymphenburger in der F. A. Herbig Verlagsbuchhandlung GmbH, München.

TANJA DÜCKERS (* 1968)
Der Schokoladenbrunnen, S. 71. Aus: Literatur-Quickie, Nr. 9, Probsthayn & Gerlach, Hamburg 2010. © Tanja Dückers. Abdruck mit freundlicher Genehmigung der Autorin.

MARIE VON EBNER-ESCHENBACH (1830-1916)
Das Weihnachtsfest war nahe, S. 16. Aus: Marie von Ebner-Eschenbach, Erzählungen. Autobiographische Schriften. Winker Verlag, München 1958.

PETER HANDKE (* 1942)
Lebensbeschreibung, S. 38. Aus: Peter Handke, Begrüßung des Aufsichtsrats. © Suhrkamp Verlag Frankfurt am Main 1981.

RICHARD HUGHES (1900-1976)
Der Weihnachtsbaum, S. 101. Aus: Richard Hughes, Das Walfischheim. Märchen. Übertragung von Käthe Rosenberg. © Suhrkamp Verlag Frankfurt am Main 1953.

ERICH KÄSTNER (1899-1974)
Eine nette Bescherung, S. 88. Aus: Erich Kästner, Morgen, Kinder, wird's nichts geben. Mehr oder weniger Weihnachtliches. © Atrium Verlag, Zürich 2011.

MARIE LUISE KASCHNITZ (1901-1974)
Wenn's wieder geschähe – wie vor langer Zeit, S. 40. Aus: Marie Luise Kaschnitz, Gesammelte Werke in sieben Bänden, Band IV. Herausgegeben von Christian Büttrich und Norbert Miller. © Insel Verlag Frankfurt am Main 1985.

Das Wunder, S. 137. Aus: Marie Luise Kaschnitz, Lange Schatten. Erzählungen. Claassen Verlag, Hamburg 1960. © Iris Schnebel-Kaschnitz, Berlin.

SELMA LAGERLÖF (1858-1940)
Großmutters Weihnachtsgeschichte, S. 48. Auszug aus: Die Heilige Nacht. Übersetzt von Marie Franzos. List Taschenbuch Verlag im Ullstein Verlag, München. © by Nymphenburger in der F. A. Herbig Verlagsbuchhandlung GmbH, München 1948.

LUKAS
Die Heilige Nacht, S. 35. Aus: Weihnachtsevangelium. In: Die Bibel in der Übertragung von Martin Luther. Stuttgart 1953.

PAUL MAAR (* 1937)
Der doppelte Weihnachtsmann, S. 81. Aus: Warten auf Weihnachten. Herausgegeben von Barbara Homberg. Friedrich Oetinger Verlag, Hamburg. © Paul Maar. Abdruck mit freundlicher Genehmigung des Autors.

WILHELM MATTHIESSEN (1891-1965)
Die Geschichte von den Lebkuchen, S. 93. Aus: Wilhelm Matthiessen, Der bunte Kuckuck. Neue Märchen aus dem alten Haus. Illustriert von Evi Schmidt. © Verlag Herder GmbH, Freiburg im Breisgau 1990, S. 23-29.

O'HENRY (1862-1910)
Das Geschenk der Weisen, S. 127. Aus: O'Henry, Unschuldsengel vom Broadway. Herausgegeben von Wolfgang Kreiter. Aus dem Amerikanischen von Christine Hoeppener. © Aufbau Verlag GmbH & Co. KG, Berlin 1961 (diese deutsche Übersetzung erschien erstmals 1961 bei Rütten & Loening; Rütten & Loening ist eine Marke der Aufbau Verlag GmbH & Co. KG).

ALEXANDROS PAPADIAMANTIS (1851-1911)
Geschenke auf Schwingen, S. 149. Aus dem Griechischen von Andrea Schellinger. Aus: Weihnachtsüberraschungen. Ausgewählt von Gesine Dammel. Insel Verlag Frankfurt am Main und Leipzig 2004. Für die deutsche Übersetzung: © Andrea Schellinger. Abdruck mit freundlicher Genehmigung der Übersetzerin.

ALFRED POLGAR (1873-1955)
Bescherung, S. 121. Aus: Alfred Polgar, Irrlicht. Kleine Schriften. Band 3. Copyright © 1982 Rowohlt Verlag GmbH, Reinbek bei Hamburg.

MARTIN SUTER (* 1948)
Die Woche zwoundfünfzig, S. 146. Aus: Früher war noch viel mehr Lametta. Hinterhältige Weihnachtsgeschichten. Ausgewählt von Daniel Kampa. Copyright © 2007 Diogenes Verlag AG Zürich.

LUDWIG THOMA (1867-1921)
Der Christabend, S. 64. Aus: Ludwig Thoma, Gesammelte Werke. Band IV. Piper Verlag, München 1956.

DAVID HENRY WILSON (* 1937)
Warten auf Weihnachten, S. 21. Aus: David Henry Wilson, Jeremy James oder wenn Schweine Flügel hätten. Übersetzt von Helmut Winter. © Friedrich Oetinger Verlag, Hamburg 1979.

UNBEKANNTER VERFASSER
Die Tannen der heiligen Aurelia, S. 118. Aus: Sagen und Märchen aus dem Elsaß. Herausgegeben von Ulla Schild. Eugen Diederichs Verlag, München 1991.

Wie die Tiere übern Winter kamen. Ein russisches Märchen, S. 169. Aus: Russische Märchen. Aus dem Russischen von Hilde Angarowa. Verlag Progress, Moskau 1971.

Weihnachtsbücher im insel taschenbuch

Hans Christian Andersen. Die Schneekönigin. Ein Märchen in sieben Geschichten. Aus dem Dänischen von Mathilde Mann. Mit farbigen Illustrationen von Birgit Ackermann. it 2578. 104 Seiten

Elizabeth von Arnim. Weihnachten. Ausgewählt und aus dem Englischen übersetzt von Angelika Beck. Großdruck. it 2406. 125 Seiten

Frank Lyman Baum. Der Weihnachtsmann oder Das abenteuerliche Leben des Santa Claus. Aus dem Englischen von Hans-Christian Oeser. it 3634. 148 Seiten

Das Weihnachtsbuch. Mit alten und neuen Geschichten, Gedichten und Liedern. Ausgewählt von Elisabeth Borchers. it 46. 296 Seiten

Das Winterbuch. Gedichte und Prosa. Ausgewählt von Hans Bender und Hans Georg Schwark. it 728. 253 Seiten

Charles Dickens. Die Weihnachten des Mr. Scrooge. it 4062. 145 Seiten

Charles Dickens. Weihnachtserzählungen. it 358. 503 Seiten

Die schönsten Weihnachtsgedichte. Ausgewählt von Gesine Dammel. Gebundene Sonderausgabe. it 3228. 94 Seiten

Die schönsten Weihnachtsgedichte. Ausgewählt von Gesine Dammel. it 2580. 122 Seiten

Die schönsten Weihnachtsgedichte. Ausgewählt von Gesine Dammel. it 4067. 114 Seiten

Die schönsten Weihnachtsgeschichten für Kinder. Ausgewählt von Günter Stolzenberger. Mit farbigen Illustrationen von Claudia Weikert. it 3442. 181 Seiten

Die schönsten Weihnachtsgeschichten. Ausgewählt von Gesine Dammel. it 2830. 144 Seiten

NF 144/1/7.12

Die schönsten Weihnachtsgeschichten. Ausgewählt von Gesine Dammel. Gebundene Sonderausgabe. it 3229. 114 Seiten

Die schönsten Weihnachtsgeschichten. Ausgewählt von Gesine Dammel. it 4066. 126 Seiten

Die schönsten Weihnachtsgeschichten zum Vorlesen. Ausgewählt von Gesine Dammel. it 4180. 180 Seiten

Die schönsten Weihnachtslieder. Ausgewählt von Wolfgang Schneider. Gebundene Sonderausgabe. it 3231. 127 Seiten

Die schönsten Weihnachtsmärchen. Ausgewählt von Gesine Dammel. Gebundene Sonderausgabe. it 3230. 117 Seiten

Fröhlicher Advent. Geschichten, Gedichte und Rezepte. Ausgewählt von Gesine Dammel. it 3459. 191 Seiten

Geschichten vom Nikolaus. Gesammelt von Felix Karlinger. it 1769. 146 Seiten

Hermann Hesse. In Weihnachtszeiten. Betrachtungen, Gedichte und Aquarelle des Verfassers. Ausgewählt und mit einem Nachwort von Volker Michels. it 2418. 118 Seiten

Hermann Hesse. Weihnachten. Betrachtungen und Gedichte zur Winter- und Weihnachtszeit. Ausgewählt und mit einem Nachwort versehen von Volker Michels. it 3302. 106 Seiten

Hermann Hesse. Winter. Ausgewählt von Ulrike Anders. it 4193. 118 Seiten

E. T. A. Hoffmann. Die Abenteuer der Silvester-Nacht. Mit farbigen Illustrationen von Monika Wurmdobler. it 798. 80 Seiten

Marie Luise Kaschnitz. Weihnachten. Gedichte und Geschichten von der Heiligen Nacht und vom Winter. Ausgewählt von Iris Schnebel-Kaschnitz und Wolfgang Schneider. it 3305. 124 Seiten

NF 144/2/7.12

Katzen im Schnee. Ausgewählt von Gesine Dammel. it 4063. 132 Seiten

Märchen zur Weihnacht. Ein Hausbuch für groß und klein. Ausgewählt von Franz-Heinrich Hackel. it 1649. 292 Seiten

Merry Christmas! Die schönsten Weihnachtsgeschichten aus England. Ausgewählt und übersetzt von Ria und Günther Blaicher. it 3301. 255 Seiten

Alexandros Papadiamantis. Die Heilige Nacht auf dem Berg. Eine Weihnachtsgeschichte. Aus dem Griechischen von Andrea Schellinger. Mit einem Nachwort von Danae Coulmas. it 2419. 94 Seiten

Jean Paul. Die wunderbare Gesellschaft in der Neujahrsnacht. Erzählungen. Ausgewählt und mit einem Nachwort versehen von Hermann Hesse. it 2262. 139 Seiten

Rainer Maria Rilke. Weihnachten. Briefe, Gedichte und die Erzählung »Das Christkind«. Ausgewählt und mit einem Nachwort von Hella Sieber-Rilke. it 2865. 114 Seiten

Rainer Maria Rilke. Weihnachten. Briefe, Gedichte und die Erzählung »Das Christkind«. Ausgewählt und mit einem Nachwort von Hella Sieber-Rilke. it 3303. 114 Seiten

Rainer Maria Rilke. Winter. Ausgewählt und mit einem Nachwort von Thilo von Pape. it 4192. 123 Seiten

Joachim Ringelnatz. Weihnachten. Ausgewählt und mit einem Nachwort von Ute Maack. it 3304. 95 Seiten

Schlaf in tödlicher Ruh. Weihnachtliche Kriminalgeschichten. Ausgewählt von Carolin Bunk und Hans Sarkowicz. it 3382. 177 Seiten

Theodor Storm. Knecht Ruprecht. Mit einem Nachwort von Nadja Enzmann und Karl Kröhnke. Illustriert von Rolf Köhler. it 2261. 55 Seiten

NF 144/3/7.12

Theodor Storm. Unter dem Tannenbaum. Geschichten und Gedichte. Herausgegeben von Gottfried Honnefelder. Mit den Illustrationen der Erstausgabe von Otto Speckter und Ludwig Pietsch. it 1042. 163 Seiten

Robert Walser. Der Schnee fällt nicht hinauf. 33 Gedichte. Ausgewählt und kommentiert von Urs Allemann. it 3449. 107 Seiten

Robert Walser. Tiefer Winter. Geschichten von der Weihnacht und vom Schneien. Herausgegeben und mit einem Nachwort von Margit Gigerl, Livia Knüsel und Reto Sorg. it 3326. 167 Seiten

Weihnachten der Elche. Ausgewählt von Inka Hagen. it 3635. 170 Seiten

Weihnachten für Gestreßte. Ausgewählt von Peter Wenzel. it 3638. 125 Seiten

Weihnachten für Kinder. Mit Geschichten, Gedichten und Bildern. Ausgewählt von Elisabeth Borchers. it 156. 287 Seiten

Weihnachten in der Badewanne. Ausgewählt von Mia Mürren. it 4181. 170 Seiten

Weihnachten mit Hermann Hesse. Ausgewählt von Volker Michels. it 3640. 109 Seiten

Weihnachten mit Hund. Ausgewählt von Eva Demski. it 3460. 108 Seiten

Weihnachten mit Hund. Neue Geschichten. Ausgewählt von Gesine Dammel. it 3637. 155 Seiten

Weihnachten mit Joachim Ringelnatz. Ausgewählt von Ute Maack. it 3642. 101 Seiten

Weihnachten mit Katze. Ausgewählt von Gesine Dammel. it 3461. 101 Seiten

Weihnachten mit Katze. Neue Geschichten. Ausgewählt von Mario Leis. it 3636. 155 Seiten

NF 144/4/7.12

Weihnachten mit Christian Morgenstern. Ausgewählt von Ute Maack. it 3639. 111 Seiten

Weihnachten mit Rainer Maria Rilke. Ausgewählt von Hella Sieber-Rilke. it 3641. 116 Seiten

Weihnachten ohne Gans. Ausgewählt von Peter Wenzel. it 4064. 140 Seiten

Weihnachtsgedichte und Weihnachtslieder für Kinder. Ausgewählt von Sabina Berchtold. Mit Illustrationen von Claudia Weikert. it 3441. 159 Seiten

Weihnachtskatzen. Ausgewählt von Gesine Dammel. it 4179. 168 Seiten

Welch ein Fest. Ausgewählt von Gilda Donata und Hubert Selig. it 4065. 278 Seiten

Winterfreuden. Ausgewählt von Susanne Gretter. it 3446. 197 Seiten

Wundersame Geschichten von Engeln. Gesammelt und übertragen von Felix Karlinger. it 1226. 134 Seiten

NF 144/5/7.12

Fjodor M. Dostojewski. Schuld und Sühne. it 4530. 801 Seiten

Fjodor M. Dostojewski. Weiße Nächte. it 4505. 109 Seiten

Annette von Droste-Hülshoff. Die schönsten Gedichte. it 4525. 200 Seiten

Alexandre Dumas. Die drei Musketiere. it 4098. 739 Seiten

Theodor Fontane. Frau Jenny Treibel. it 4506. 230 Seiten

Johann Wolfgang Goethe. Die Leiden des jungen Werther. it 4507. 172 Seiten

Johann Wolfgang Goethe. Die Wahlverwandtschaften. it 4522. 311 Seiten

Grimms Märchen. it 4508. 280 Seiten

E.T. A. Hoffmann. Der Sandmann / Das Fräulein von Scuderi. it 4509. 210 Seiten

Homer. Odyssee. it 4510. 457 Seiten

Homer. Ilias. it 4523. 432 Seiten

Heinrich von Kleist. Im Taumel wunderbar verwirrter Sinne. it 4036. 330 Seiten

Guy de Maupassant. Bel-Ami. it 4040. 416 Seiten

NF 125/2/2.12

Das Nibelungenlied. it 4528. 262 Seiten

Friedrich Nietzsche. Also sprach Zarathustra. it 4511. 330 Seiten

Edgar Allan Poe. Horrorgeschichten. it 4531. 200 Seiten

Rainer Maria Rilke. Die Aufzeichnungen des Malte Laurids Brigge. it 4529. 218 Seiten

Friedrich Schiller. Gedichte und Balladen. it 4512. 280 Seiten

Arthur Schnitzler. Traumnovelle / Fräulein Else / Leutnant Gustl. it 4521. 260 Seiten

Gustav Schwab. Sagen des klassischen Altertums. it 4513. 1010 Seiten

William Shakespeare. Hamlet. it 4514. 269 Seiten

Bram Stoker. Dracula. it 4515. 540 Seiten

Theodor Storm. Der Schimmelreiter. it 4516. 145 Seiten

Lew Tolstoj. Anna Karenina. it 4526. 1204 Seiten

Lew Tolstoj. Die Kreutzersonate. it 4517. 175 Seiten

Kurt Tucholsky. Rheinsberg / Schloß Gripsholm. it 4518. 211 Seiten

NF 125/3/2.12

Mark Twain. Tom Sawyers Abenteuer. it 4075. 296 Seiten

Oscar Wilde. Das Bildnis des Dorian Gray. it 4519. 298 Seiten

Emile Zola. Das Geld. it 4527. 584 Seiten

NF 125/4/2.12